KB191008

이재명의 준비

이재명의 준비

제1판 1쇄 인쇄	2025년 4월 15일
제1판 1쇄 발행	2025년 4월 17일

기획	더민주전국혁신회의
저자	이재명 곁에서 함께해온 사람들
펴낸이	김덕문
책임편집	손미정
책임교열	김정성
사진	위성환
디자인	놈normmm
영업책임	이종률
제작	정우미디어

펴낸곳	더봄
등록일	2015년 4월 20일
주소	서울시 마포구 어울마당로 130, 3층 3105호(기린빌딩)
대표전화	02-975-8007 ‖ **팩스** 02-975-8006
전자우편	thebom21@naver.com
블로그	blog.naver.com/thebom21

ⓒ 더민주전국혁신회의, 2025
ISBN 979-11-92386-32-4 03340

이재명의 준비

이재명 곁에서 오랫동안 함께한 사람들은
왜 이재명의 성공을 확신하는가

더민주전국혁신회의 기획
이재명 곁에서 함께해온 사람들 지음

더봄

| 목차 |

선용善用과
직면直面의
리더십

"피청구인 대통령 윤석열을 파면한다."

이 한마디를 듣기까지 터무니없이 길고 힘든 투쟁의 여정을 겪었다.

지난해 12월 3일, 비상계엄이 선포됐다. 제1야당의 당대표이자 윤석열이 가장 큰 정적으로 삼은 이재명이 첫 번째 표적이 되었다. 피신을 권하는 사람들도 있었다. 하지만 이재명의 선택은 국회로 향하는 것이었다.

이재명은 유튜브 생방송을 켰다. 본인이 국회로 향하고 있는 것을 보여주었다. 대한민국의 주인, 주권자 국민에게 이 나라를 지켜달라고 호소했다. 아내가 곁에서 눈물을 흘리며 운전했다.

민주당과 야당은 일사불란하게 움직였다. 비상계엄을 해제하려는 일념으로 국회의장과 의원들이 담을 넘으면서까지 국회 본회의장으로 모였다.

이재명은 도망가지 않았다.
가족이 모욕과 핍박에 시달려도, 체포동의안 표결을 거쳐 구속

영장실질심사 재판정으로 내몰릴 때도, 생뚱맞은 증오의 칼날이 목을 겨누어도 그는 도망가지 않았다.

이번에도 즉결처형과 다름없는 계엄 사태에 직면했지만 목숨을 걸고 국회로 향했다. 비상계엄 해제는 그래서 가능했다.

계엄은 빠르게 끝났다. 그러나 이후의 상황은 생각보다 더뎠다. 우리 국민은 지치지 않았다. 내란을 종식하고 민주공화국 대한민국을 지켜냈다. 2025년 4월 4일, 주권자 국민은 새로운 대한민국으로 향하는 또 한 걸음을 내디뎠다.

우리는 다시 이재명을 자신 있게 외칠 수 있게 되었다. 조기 대선으로 빠르게 수습해야 할 상황이었음에도 불구하고 헌법재판소의 선고 기일이 늦어지면서 모두의 애가 탔다. 그 끝없는 암흑 같은 터널을 지나왔기에 '이제야' 이재명을 외칠 수 있게 되었다.

우리는 '대통령 이재명'의 첫 출근을 간절히 바란다. 자신의 목숨이 위태로울 것을 뻔히 알면서도 주저 없이 즉각 국회로 향했던 그 모습,

유능한 행정 집행으로 국민의 삶을 가장 가까이에서 챙기던 모습,
우리는 그 모든 모습을 지켜봤다.
누구보다 가까이 지냈고, 때로는 누구보다 날카롭게 비판하며
여기까지 달려왔다.

그는 대통령에 당선되더라도 바로 다음 날부터 업무를 시작해
야 한다.
하루하루 밤낮을 가리지 않고 노심초사하며 격무에 매달릴 것
이 분명하다. 늘 그래왔듯이.

숱한 어려움이 예상되지만, 우리는 자신한다.

그 어느 때보다 중요한 이 국면에서,
심지어 내일 바로 업무가 주어지더라도 이재명은 그의 역할을
훌륭하게 해내리라 자신한다.
그가 얼마나 많은 준비를 해왔는지 우리는 누구보다 잘 알고 있
기 때문이다.

지금은 내일 바로 업무에 돌입할 대통령이 필요하다.

우리에게는 충분히 준비된 대통령, 내일 당장 업무를 시작해도 손색없이 잘 해낼 대통령이 있다.
그가 바로 이재명이라는 것을 확신한다.

법조인으로 출발해서 시민사회를 거쳐 행정과 입법을 두루 경험한 정치인,
시장과 도지사를 거쳐, 국회의원과 당대표까지 지낸 최초의 대통령,
이 책은 준비된 대통령 이재명의 '준비'를 소개하고자 한다.

그간의 여정을 모두 담았다고 말할 수는 없다.
그가 성남의 변호사였을 때부터, 성남시장과 경기도지사를 거쳐 대선후보, 당대표를 지나온 여러 이야기를 담았다.
그동안 숨겨져 있던 내용들도, 털어놓고 해명하지 못했던 내용들도 담았다.

정치인의 성과는 보통 성공한 측면에서만 바라보기 쉽다.
언론에서 주목한 계곡정비사업도 마찬가지다.
많은 국민은 바가지요금이 없어진다는 점을 반겼지만 본질은

불법 점유물을 철거해서 특정 상인들이 자연을 독점하지 못하도록 한 것이다.

보통은 여기까지만 기억하고 넘어간다.
이 책은 그 이면까지 주목했다.
계곡 상인들과 협의를 통해 불법 점유물을 자진 철거하고, 다시 장사를 잘할 수 있게 하여 신뢰를 회복한 경기도의 계곡정비사업에 쏟은 노력의 진면목까지 담고 싶었다.

'코로나19' 국면 때도 마찬가지다.
경기대학교 기숙사를 개방해 빠르게 병상 및 생활치료시설로 확보한 것에만 집중하지 않았다.
그 이면에서 대학 관계자와 재학생 모두를 챙기는 세심한 모습들을 담고 싶었다.

법이 없다고 해서 도지사 이재명은 가만히 있지 않았다.
행정력을 동원한 모든 방안을 강구했다.
일선 공무원에게 재량권을 부여해주고 책임은 본인이 졌다.
도민의 안전을 위해 노력하고 결실을 맺은 공무원들은 공개적으로 칭찬했으며 진급, 휴가, 포상까지 챙기도록 지시했다.

'복지부동의 대명사'도 이재명과 함께 일할 때는 '일 잘하는 공무원'으로 칭찬받았다.

공직사회 현장에는 각양각색의 공무원들이 존재한다.

중요한 것은 리더가 누구냐이다.

리더의 열정에 따라 공무원의 역량이 달리 발휘되는 것을 이재명은 충분히 확인시켜 주었다.

그만의 '행정 선용善用의 리더십'이다.

이재명은 늘 현장으로 뛰어들었다.

갈등의 한복판으로 들어가는 '직면直面의 리더십'이다.

화재가 나면 현장으로 달려갔고, 상인들을 직접 만나려고 계곡으로 달려갔고, 병상을 구하기 위해 대학으로 달려갔고, 종교단체도 어느 곳이든 구별 없이 찾아갔다.

현장에 답이 있고, 현장에 가야만 정확한 해결책을 찾을 수 있고, 효율적으로 지시하고 결정할 수 있기 때문이다.

똘똘 뭉친 기득권을 파헤칠 때는 살해 위협까지 받았다.

그는 정치를 시작한 이래로 단 한 번도 편안한 일상을 지낸 적이 없었다.
오죽하면 주변 참모들에게도 '우리는 어항 속의 금붕어'라고 신신당부했을까.

"모난 돌이 정 맞는다, 계란으로 바위치기다, 바람 부는 대로 물결치는 대로 눈치 보면서 살라"는 말을 온몸으로 반박한 노무현처럼, 이재명은 사회의 부조리에 맞서 그것이 부당하다고 외쳤다.
이건 아니라고, 이건 바꿀 수 있다고 말할 때마다 마치 고개를 들어 올리면 곧장 망치로 정수리를 얻어맞는 두더지 게임판에 놓인 것처럼 그에게 몰아치는 시련과 고난을 헤쳐 나왔다.

1987년 6월 항쟁이 만든 6공화국 탄생 이래 가장 극심한 정치적 탄압을 받아 온 사람.
암살 위협에 시달리는 통에 방탄복이라도 입고 다녀야 하는 야당 대표.
그가 다시 고개를 들어 '새로운 대한민국, 진짜 대한민국'을 외칠 수 있게 해준 것은 역시 국민이다.

우리도 보이지 않는 곳에서 그와 함께했다.

그가 지치지 않도록, 때로는 억울하게 맞고만 있지 않도록 최선을 다했다.

우리는 오래 봐서 자신한다.

이재명 대통령 시대가 좋은 세상을 만들 수 있으리라 확신한다.

위대한 대한민국의 훌륭한 도구가 될 이재명!

우리의 자신감은 곧 이재명, 그 자체다.

_이재명 곁에서 함께해온 사람들

이재명의
함께하는 시선

이재명은 여전히 소년공의 고단한 삶을 기억한다.
그의 위치는 달라졌지만, 우리 이웃에는 수많은 노동자가 있으며
그들의 권리는 아직도 충분히 보호받지 못하고 있다.
소년공의 노동을 잊지 않은 첫 모습의 이재명과 함께하기에
우리는 발전된 내일을 기대할 수 있다.

이재명의 준비

소년공은 노동을
잊지 않았다

이재명은 지난 2022년 당대표 취임 직후, 곧바로 민주당사 노동자들부터 만났다. 그들을 만난 후 그는 민주당 총무조정국에 지시해 당사 지하 2층과 지하 4층에 있던 청소, 관리직 직원들의 휴게실과 샤워실을 지상으로 옮기도록 했다.

또 당사에만 그치지 않고 더 나아가 적용 범위를 확대했다. 민주당 자치분권국을 통해 민주당 소속 지방정부의 장과 지방의회 의장에게 관할 기관의 청소원, 방호원, 관리 직원들의 휴게실 상태를 파악했다. 그리고 지하에 있는 휴게실의 경우 지상으로 이전하도록 하고 에어컨, 샤워실 등의 편의시설 설치를 검토·권고하였으며, 그 이행 여부도 공개하도록 했다.

이전 당대표들의 취임 일성과는 무척 다른 방향의 관심이었다. 그는 여전히 소년공 시절을 잊지 않은 이재명이었던 것이다. 소년공의 어려움을, 노동자의 어려움을 생생하게 되새기고 있었다.

2019년 8월 7일, 연합뉴스는 <이재명표 '이동노동자 쉼터' 경기도 남부에 5곳 설치>라는 기사를 냈다. '이동노동자'라는 표현이 낯설게 느껴진다면, 우리 주변에서 흔히 볼 수 있는 대리운전 기사, 퀵서비스 기사들을 떠올리면 된다.

그들은 넓은 지역을 이동하면서 일을 하다가 대기를 해야 할 때가 있는데, 그때마다 쉴 장소가 마땅치 않다. 그래서 길거리에서 서성이는 경우가 대부분이다. 카페에 들어가기도 어렵고, 날이 궂으면 빈 공터나 공원에 앉아 있기도 힘들다. 한 푼이라도 더 벌고, 한 푼이라도 더 아껴야 하기 때문이다. 심지어 편의점이나 현금인출기 옆에서 휴식을 취하는 경우도 많다고 한다.

경기도지사 이재명은 이동노동자의 어려운 현실을 파악하고 그들을 위한 쉼터를 만들었다. 시·군 지자체 공모와 심의를 거쳐 수원·성남·안산·광주·하남 5개 시市를 '경기도 이동노동자 쉼터' 사업자로 선정했다. 그의 도지사 공약이었던 '일터에서 가까운 휴식문화 환경 조성'을 본격적으로 실행에 옮긴 것이다. 만약 당신이 경기도민이고, 인근에 '이동노동자 쉼터'라고 쓰어 있는 작은 건물을 본다면 그곳은 모두 이재명 도지사 재임 시절 추진해 정착된 것이라 생각하면 된다.

2021년 7월 11일, 이재명은 서울대학교를 방문했다. 당시 서울대 기숙사 휴게실에서 사망한 청소노동자의 유족을 위로하기 위해서였다. 이재명은 숨진 노동자의 남편, 생전의 동료 노동자들을 만나 아픈 마음을 위로하며 함께 눈물을 흘렸다.

이재명의 여동생도 2014년 화장실에서 사망했다. 당시 성남시장인 오빠에게 부담을 주고 싶지 않다며 청소노동을 계속하다가 과로로 숨졌다. 이재명으로서는 그렇게 먼저 간 자신의 여동생을 서울대에서 만난 것이나 다름없었다.

숨진 노동자는 대학본부의 군대식 업무 지시와 과도한 노동 강도로 평소에도 스트레스를 호소했다. 노동조합에 따르면, 59살의 청소노동자는 엘리베이터가 없는 4층 건물 계단을 하루에도 수없이 오르내리며 일했다고 한다.

100L짜리 쓰레기봉투 6~7개와 음식물 쓰레기, 재활용 쓰레기 등을 나르는 일도 힘들었지만, 그보다는 새로 부임한 안전관리팀장의 직장 내 갑질이 더 고통스러웠다. 그는 노동자들에게 정장과 구두를 착용하도록 강요하고, 제대로 된 복장을 갖추지 않으면 모욕을 줬다. 매주 시험을 보게 했는데, '관악학생생활관'을 영어와 한자로 쓰게 하거나 기숙사 개관 연도, 각 건물의 준공 연도 등을 문제로 냈다. 그리고 시험이 끝나면 채점을 해 나눠주면서 누가 몇 점을 맞았는지 공개해 모욕감을 느끼게 했다.

청소노동자 죽음에 따른 진상조사 촉구와
유족 위로차 서울대를 방문해 눈물을 흘리는 이재명.
(2021년 7월 11일)

일반 직장인들도 회사의 건물 준공 연도까지 알기는 어렵다. 또한 시험을 치고 동료들이 결과를 알게 하거나 모두가 있는 자리에서 모욕을 주지는 않는다. 도대체 왜 청소노동자가 이런 가혹한 평가를 받아야 했을까?

당시 서울대에서 청소노동자 사망은 처음이 아니었다. 2019년 8월 9일에도 67세의 청소노동자가 직원 휴게실에서 휴식을 취하다 숨졌다. 휴게실이라고 이름을 붙였지만 지하 1층 계단 밑에 있는 불과 한 평 남짓한 비좁은 공간에 창문도 에어컨도 없어 창고나 다름없었다. 여름이면 35도를 오르내리는 그 공간은 '건강한 사람도 아파서 나가는 곳'으로 불렸다.

그것이 이재명이 당대표 취임 후 당사의 청소노동자에 대한 처우 개선을 가장 먼저 지시한 연유다. 그는 자신의 여동생을, 여전히 소년공 이재명이 겪은 어려움과 다르지 않은 고난 속에서 살아가고 있는 노동자들을 잊지 않고 있었다.

당대표 출마 선언 후에도 노동자들과의 만남은 이어졌다. 2022년 7월 18일, 그는 연세대학교 측과 처우 개선 투쟁을 벌이고 있던 청소노동자들을 만났다. 투쟁이라고 해서 노동자 측의 엄청난 처우 개선과 학교 측이 받아들일 수 없는 과도한 요구를 하는 상황일 것 같지만, 실상은 달랐다.

연세대 청소노동자들이 학교 측에 요구한 것은 시급 440원 인상과 청소노동자들이 이용할 수 있는 샤워실 설치였다. 그때까지 노동자들의 휴게실에는 세면이나 샤워는커녕 업무상 일을 하다가 유니폼이 더러워질 수밖에 없음에도 기본적인 세탁 시설조차 갖춰져 있지 않았다.

이재명은 "최저임금은 그것만 주라는 게 아니라 반드시 그 이상을 주라는 최저선"이라며 학교 측에 시정을 촉구했다. 여기까지는 공개된 발언이다. 비공개 간담회에선 훨씬 더 꼼꼼하게 노동자들을 챙겼다.

그는 연세대 청소노동자들의 어려움을 자기 가족의 일처럼 생각했다. 우선 노동조합을 굳건히 지킬 수 있는 방법과 권리를 찾는 방식에 대해 세세하게 설명을 했다. 그때만큼은 당대표 이재명이 아니라, 성남에서 시민운동을 하던 노동 변호사 이재명이었다. '알아야 권리를 주장할 수 있다'며 무엇을 공부하면 되는지, 어떻게 투쟁하면 되는지, 그리고 더 나아가 정치권에는 어떻게 손짓을 하고 도움을 요청하면 되는지에 대해서까지 하나도 빼놓지 않았다. 정치인과 노동자의 현장 만남이라기보다는 변호사가 의뢰인을 만난 것처럼 하나부터 열까지 모든 이야기를 다 듣고 꼼꼼하게 피드백을 해줬다.

그 모습에서 드라마 <나의 아저씨>의 이선균의 모습이 보였다. 극 중 이선균이 아이유에게 청각장애인 할머니를 요양원으로 모시라고 말하는 장면이 있다.

"손녀는 부양의무자가 아니다. 할머니와 주소지를 분리하라"며 할머니와 주소를 분리하면 부양 의무가 생기지 않는 경우를 설명한다. 그러면 소득이나 재산이 없는 할머니는 생계 급여 수급자가 되어 무상으로 요양원에 모실 수 있다. 설명을 듣고 그렇게 요양원에 할머니를 편히 모시게 된 아이유에게 이선균은 묻는다.

"주변에 이런 얘기를 해주는 사람이 아무도 없었나?"

이재명은 청소노동자들을 만났을 때, '그런 얘기를 해주는 사람'

이 되어 주고 싶은 듯했다. 권리 위에 잠자는 자는 보호받지 못한다는 생각으로 당장의 임금 인상도 중요하지만, 앞으로 있을 또 다른 투쟁에서의 대처도 꼼꼼하게 알려주었다. 청소노동자들의 '아저씨'가 되어주고 싶은 것 같았다.

노동자 권익 보호는 지금도 관심을 기울이며 실천을 계속하고 있다. 2025년 2월 21일자 매일경제의 단독 기사는 <민주당, 尹 2번 거부한 '노란봉투법' 재발의>였다. 노란봉투법의 유래는 2013년으로 거슬러 올라간다.

그해 11월, 2009년 쌍용자동차 파업에 참여한 노동자들에게 47억 원에 달하는 손해배상 청구 판결이 내려졌다. 그 기사를 본 한 시민이 노란 봉투에 4만 7천 원의 성금을 담아 주간지 <시사IN>에 전달했다. 그렇게 시작해 십시일반 노란 봉투에 담아 모은 돈은 14억 7천만 원이 되었다. 모금과 시민들의 응원은 감동적이었지만 그것만으로는 손해배상과 가압류의 굴레를 벗어나기 어려웠다. 거기서 '노란봉투법'이 유래했다.

노란봉투법은 2015년에 발의됐으나 19, 20대 국회에서 제대로 논의되지 못했다. 세월이 지나서 2022년 대우조선해양 하청노동자들이 파업 후 470억 원에 달하는 손해배상 청구를 당하면서 논의가 재점화됐다.

노란봉투법은 윤석열 정부의 거부권 때문에 벽에 부딪혔다. 정확히는 2023년 12월과 2024년 8월, 각각 21대 국회와 22대 국회에서 법안은 통과되었지만 대통령 윤석열의 거부권 행사로 인해 폐기되었다.

법안의 주요 내용은 원청 사용자의 정의를 확대하고, 쟁의행위 범위 대상을 확대하는 것이 골자다. 동시에 파업노동자에게 기업의 손해배상 청구를 제한하도록 하는 내용을 담고 있다. 이재명은 한국노총과의 간담회에서 한국노총이 노란봉투법 재추진을 요청한 데 대해 "재발의됐으니 당론으로 흔들림 없이 추진하겠다"고 밝혔다.

2025년 3월 6일 한겨레는 <양대노총·야5당 '노란봉투법' 3번째 추진… 쟁의 범위 대폭 확대>라는 기사를 냈다. 세 번째 발의될 노란봉투법은 하청노동자의 노동조건에 실질적·구체적 지배력이 있는 원청의 책임을 강화(노조법 2조 개정)하는 것과 파업노

이재명 더불어민주당 대표가 서울 여의도 국회 앞
노조법 2·3조 개정 운동본부 농성장을 찾아
박석운 노조법 2·3조 개정 운동본부 공동대표 등
참석자들과 대화하고 있다.
(2023년 2월 20일, 경향신문)

동자에 대한 기업의 무분별한 손해배상 청구를 제한(노조법 3조 개정)하는 것을 토대로 하고 있다. 앞서 두 차례 연이어 폐기된 법안과는 달리 특수고용·플랫폼 노동자의 단결권도 보장하고 노동쟁의의 범위를 대폭 확대하는 내용까지 담겨 있다.

이재명은 여전히 소년공의 고단한 삶을 기억한다. 지금은 '소년공 이재명'이 살았던 그때처럼 노동 환경이 가혹하지 않고, 이제 소년공은 거의 없는 시대이지만 말이다.

그럼에도 이재명은 자신의 과거를 잊지 않고 있다. 그의 위치는 달라졌지만, 우리 이웃에는 수많은 노동자가 있으며 그들의 권리는 아직도 충분히 보호받지 못하고 있다.

소년공의 노동을 잊지 않은 첫 모습의 이재명과 함께하기에 우리는 발전된 내일을 기대할 수 있다.

초심으로,
삼 년 전 '질문들'

2022년 2월 22일, 더불어민주당 대선후보로 선출된 이재명은 첫 방송 연설에 나섰다. 아래는 국민의 질문들에 답한 당시 방송 연설의 전문이다.

*****

소년공이 쏘아 올린 작은 희망,
국민을 위한 큰 희망으로 만들겠습니다

존경하는 국민 여러분, 더불어민주당 대통령 후보 기호 1번 이 재명입니다.

오늘부터 방송 연설을 시작합니다.
첫 번째 시간인 만큼 우선 저 이재명을 국민 여러분께 소개해 드리려고 합니다.
오늘은 국민께서 보내주신 질문들에 답하는 방식으로 제가 살아온 이야기를 해드리려고 합니다.

첫 번째 질문입니다. '어린 시절, 이재명은 어떤 아이였나요?'

한마디로 친구들과 잘 놀고 활발하고 씩씩한 아이였습니다.
초등학교 1학년 성적표에도 그렇게 적혀 있습니다.

저는 경북 안동 예안면 도촌리 지통마을이라고 하는, 화전민들이 모여 사는 곳에서 7남매 중에서 다섯째로 태어났습니다. 고향 집은 지금도 버스가 안 다닐 만큼 첩첩산중 오지입니다. 매일 15리 길을 두 시간 반을 꼬박 걸어서 학교에 다녔습니다. 엄청 먼 길이었습니다.

저희 집은 무척 가난했습니다. 아버지는 제가 초등학교 3학년 때쯤 돈을 벌기 위해 고향을 떠나셨고, 어머니는 어린 자식들을 키우시느라 남의 집 일을 해주시며, 정말 허리 한 번 펼 새도 없이 일하셨습니다.

제가 보기에는 이래도 어린 시절에는 애교가 참 많았습니다. 학교에서 돌아오면 제일 먼저 "엄마!" 이렇게 큰 소리로 불렀습니다. 그러면 어머니는 멀리 밭에서 김을 매시다가도 호미를 쥔 채 일어나서서 저를 기다려주셨습니다. 저는 총알처럼 달려가 어머니 품에 덥석 안기곤 했습니다. 어머니 품은 늘 푸근했고 언제나 좋은 냄새가 났습니다.

오염되지 않은 산골에서, 어머니의 큰 사랑을 듬뿍 받으며 구김살 없이 살았던 제 유년은 아직도 가장 따뜻하고 그리운 기억으로 남아 있습니다.

다음 질문으로, 이런 게 있군요.
'열세 살 어린 나이에 소년공이 됐는데, 소년공 시절 기억에 남는 장면 세 가지로 어떤 걸 꼽을 수 있나요?'

성남으로 이사온 지 4년 만에 지하를 벗어나 처음 1층으로 이사한 날에
가족들과 밥을 나누어 먹는 장면을 셋째 형님이 촬영한 사진.(1980년)

첫 번째 장면은 여덟 식구가 나란히 누워서 함께 자던 단칸방, 그리고 그 단칸방 귀퉁이에서 작은 상을, 요만한 상을 펴놓고 앉아 일기를 쓰던 제 모습입니다. 소년공 시절의 일기를 보면 아프고 서러운 일들이 정말 어제 일처럼 생생합니다.

제가 초등학교를 졸업하자마자 가족들 모두 성남으로 이사를 했는데요, 일기에는 '이사 오던 날, 비는 주룩주룩 한없이 내리고 나는 눈이 아파서 눈을 가리고 있었다.' 이렇게 적혀 있습니다.

상대원동 달동네 꼭대기 작은 월세 단칸방에서 살았는데, 생계를 위해서 온 가족이 돈을 벌어야 했습니다. 저도 중학교 진학 대신 공장에 갔습니다.

처음엔 목걸이 공장에 다녔는데 끓어오르는 납 증기를 들이마시면서 매일 12시간씩 납땜 일을 했습니다. 그러다가 '월급을 더 준다'는 곳이 있어서, 십리 길을 걸어가야 하는 다른 목걸이 공장으로 옮겼습니다. 그런데 석 달 치 월급을 체불한 사장이 야반도주를 하는 바람에 밀린 월급을 모두 떼이고 말았습니다.

너무 서러워서 어머니를 붙잡고 엉엉 울었던 기억이 납니다. 그 뒤로 여러 공장을 다녔는데, 자잘한 사고들 때문에 온몸에 흉터가 많이 남았습니다.

두 번째 기억에 남는 장면은 공장의 프레스 기계입니다. 열여섯 살 때 야구 글러브와 스키 장갑을 만드는 공장에서 일했는데, 손재주를 인정받아 프레스 기능공이 됐습니다. 가죽을 자르는 프레스 기계를 다루는 일이었습니다.

그런데 여기에서 프레스 기계에 팔이 물리는 사고를 당했습니다. 성장판이 손상되었는데, 제대로 치료를 받지 못했습니다. 산업재해 보상 조항 같은 것을 알려주는 사람도 없었습니다. 저는 그저 정신을 똑바로 차리지 않은 저 자신만 탓했습니다.

사고를 당하고 고참들에게 폭행까지 당하며 저는 절망했습니다. 어느 날 저를 괴롭히는 그 대단한 공장관리자가 고졸임을, 검정고시로 고졸이 될 수도 있음을 알게 되었습니다.

야구 글러브를 만드는 공장인 대양실업 소년공 시절.
그해 4월 말 고입 검정고시 학원에 등록해서 8월에 합격했다.
공장이 망한 탓에 처음으로 집에서 얼마 동안 쉬기도 했다. (1978년)

그래서 저는 공부를 하기로 결심했습니다. 공부가 유일한 살길로 보였습니다.

공장에서 퇴근하면 곧바로 학원으로 달려가고, 밤잠을 줄여가며 열심히 공부해서 고입 검정고시, 대입 검정고시에 차례로 합격했습니다.

절박하게 매달린 결과였습니다. 하지만 그렇다고 해서 달라진 것은 없었습니다. 여전히 저는 소년공이었고, 관리자가 될 수 없었고, 대학에 갈 길도 보이지 않았습니다.

그때쯤 일기에 적었던 글이 기억납니다.
'어렵다는 것은 가능성이 있다는 것인지도 모른다. 이제부터 한번 해볼까?'
1980년 8월 20일의 제 일기 내용입니다. 희박한 가능성 하나를 붙잡고 고된 하루하루를 견디는 날들이 계속되었습니다.

세 번째 기억에 남는 장면은 교복 입은 학생들을 부러워하던 제 모습입니다. 우리 또래들이 교복을 입고 학교를 갈 때 저는 작업복을 입고 그들을 지나쳐 공장에 다녔습니다. 교복 입은 학생들이 참으로 부러웠습니다. 시장청소부 일을 하셨던 아버지를 도우러 나갔다가, 교복 입고 등교하는 여학생들을 피해 골목 구석으로 숨은 적도 많았습니다.

예민한 사춘기에 초라한 제 모습을 보이기가 부끄러웠던 것 같습니다. 성남시장 시절 시작됐던 무상 교복 정책, 사실은 교복에 대한 절절한 저의 한이 담겨 있습니다.

세 번째 질문은, '불우한 환경에서도 어떻게 엇나가지 않고 청소년기를 보낼 수 있었나요?'입니다.

전적으로 가족의 힘이었습니다. 특히 어머니의 힘이 정말로 컸습니다. 제 어머니는 시장 공중화장실을 청소하고 휴지를 팔고 사용료를 받는 일을 하셨습니다. 여성으로서 참으로 어려운 일이었을 겁니다. 그러면서도 집에 오면 부업을 손에서 놓지 않으셨습니다.

남매들 중 가장 어린 나이에 공장에 다니는 저를 정말로 늘

안쓰러워하셨습니다. 어머니는 출근하기 전에 항상 제 손을 잡고 공장까지 바래다주셨습니다. 제가 야근이나 철야 근무로 늦게 퇴근하면, 그 늦은 새벽까지 기다려주셨습니다. 어머니와 손잡고 함께 걷던 새벽 골목길, 그 길을 떠올리면 지금도 목이 멥니다.

그때도, 지금도 어머니는 저에게 하늘입니다. 그 고단한 삶 속에서도 어머니는 제게 넘치는 사랑을 듬뿍 주셨습니다. 언제나 전적으로 믿어주셨고, 제가 어떤 결정을 하든 100% 지지해 주셨습니다. 늘 이렇게 말씀하셨습니다.
"우리 다섯째는 나중에 꼭 잘 될 거야."

그 말이 제겐 신비의 명약이었습니다. 아무리 힘들어도 다시 일어서게 만드는 힘을 가진 마법의 말씀이었습니다.

평생 고생만 하시던 어머니는 많은 한을 남기시고 2년 전 이맘때 돌아가셨습니다. 대통령 후보가 되고 전국을 다니면서 어머니 생각이 더 많이 났습니다. 제 어머니처럼 평생 고단하게 사셨던 분들이 제 손을 꼭 잡고 "이 후보, 우리 좀 잘 살게 해줘." 그렇게 말씀하실 때마다 '정말로 우리 국민의 삶을 제대로 살피는 유능한 정치인이 되어야겠다' 이렇게 다짐했습니다.

네 번째 질문입니다. '가난은 이재명의 삶에 어떤 영향을 미쳤습니까?'

가난은 자랑도 아니지만 그렇다고 부끄러운 것도 아닙니다. 제가 선택할 수 있었던 것이 아니니까요. 오히려 가난 때문에 저는 더 빨리 자랐고, 더 많은 세상을 알게 됐습니다.

가난이 죄도 아닌데, 가난해서 겪어야 했던 부당함에 대해서는 유난히 민감했던 것 같습니다. 지독했던 가난에서 탈출했지만 저는 그때를 잊지 않고 있습니다. 사법고시에 합격했을 때 성남을 떠나지 않고 가난하고 힘든 이들을 위해 일하겠다고 인터뷰한 것도 그 때문입니다.

제가 지금 정치를 하는 이유도 제가 탈출했던 그 가난과 절망의 웅덩이 속에서 여전히 고통 받는 모든 분에게 공정한 세상, 희망이 있는 세상을 만들어주고 싶어서입니다.

다섯 번째 질문입니다. '대학생 이재명을 가장 크게 성장시킨 것이 있다면 무엇입니까?'

한마디로 5.18 광주입니다. 천신만고 끝에 법대생이 됐을 때, 저는 세상을 다 얻은 것 같았습니다. 그렇게 바라던 대학생이 됐고, 거기다가 학비 면제와 생활비까지 소년공 당시의 월급 3배를 받으면서 다니게 됐으니까요.

개인적 영달을 꿈꾸며 희망에 들뜨던 1982년 어느 봄날, 교정에서 유인물을 뿌리다 사복 경찰에게 거칠게 잡혀가는 학우들을 보았습니다.

친구의 권유로 1980년 5월 광주 민주항쟁의 진실을 알리는 비디오를 봤습니다. 충격적이었습니다. 신문과 TV에서 '폭도'로 보도해서 정말 그런 줄만 알고 있었습니다. 그런데 진실은 전혀 다르다는 걸, 그리고 내가 그들의 충견이 돼서 2차 가해에 가담했다는 것을 알게 되었습니다.

그렇게 5.18은 저를 사회적으로 다시 태어나게 했고, 그것이 제가 5.18 광주를 사회적 어머니라고 부르는 이유입니다. 제가 그 일 때문에 개인적 영달이 아니라 공정하고 정의로운 세상을 만들기 위해 열심히 살게 되었으니까요.

다음 질문은, '사법고시에 합격한 뒤 꽃길을 마다하고 인권변호사가 됐는데, 솔직히 내적 갈등은 없었습니까?'

저라고 왜 마음속에 출세욕이 없었겠습니까? 사법연수원 최종 성적이 판검사 임용권 안에 들다 보니까 사실 마음이 많이 흔들리기도 했습니다.

무엇보다 제가 판검사가 되면 가장 좋아하실 제 어머니의 그큰 기대를 저버리는 것이 가장 힘들었습니다. 그리고 특히 '25살 초보 변호사로 과연 먹고 살 수 있을까' 하는 걱정도 했습니다.

그러던 중에 한 인권변호사의 강연을 듣게 됐습니다. 바로 노무현 변호사였습니다.

"하고 싶은 일을 용기 있게 해라. 변호사 내가 해보니까 절대로 안 굶는다."

이 말씀이 제 가슴에 와 닿았습니다.

밥은 안 굶을 테니 제 욕심을 조금만 덜어내면 억압받고 억울한 사람들을 도울 수 있겠다고 생각했습니다. 그래서 스물다섯 살 새파란 변호사가 소년공으로 자라왔던 성남에서 사무실을 열게 됐습니다.

원칙은 두 가지였습니다.

"돈이 아니라 사람을 변호한다."
"이익이 아니라 정의를 변호한다."

지금까지 잘 지켜온 것 같습니다.

일곱 번째 질문은 '정치를 하게 된 계기는 무엇입니까?'입니다.

성남에서 노동·인권변호사로 활동할 때, 성남 본 시가지에 있던 큰 병원 두 군데가 한꺼번에 폐업을 했습니다. 50만 시민들이 한밤중에 응급상황이 벌어지면 멀리 분당까지 가다가 위험해질 상황이었습니다. 시립병원 건립을 위해서 시민들이 나섰고, 저는 시민운동 대표로서 성남시립병원 설립추진위원회 공동대표가 됐습니다.

순식간에, 20만 명이 지지 서명을 할 만큼 시립의료원 설립은 절박한 일이었습니다. 2004년 3월, 주민발의 조례가 성남시의회에 상정됐는데, 그때 다수당이던 한나라당(국민의힘 전신) 소속 시의원들이 47초 만에 날치기로 폐기시키고 의회를 떠나버렸습니다

방청했던 시민들과 저는 너무 분하고 원통해서 본회의장에서 엉엉 울었습니다. 그게 특수공무집행방해죄가 되었습니다. 시의회에서 항의하며 운 사건으로 수배가 떨어졌습니다.

2004년 3월 28일 오후 5시. 교회 지하 기도실에서 수배 생활을 하면서 처음으로 정치를 해야겠다고 마음먹은 시간입니다. 이제 시장이 돼서 시립병원을 우리 손으로 직접 만들

성남시립의료원 설립 및 운영에 관한 조례가 성남시의회에서 '날치기 부결'된 후,
의회 본회의장에서 오열하는 모습.(2004년)

자고 다짐했습니다. 정치의 길로 들어선 제 운명의 시간이었습니다.

그리고 2010년, 저는 성남시장이 되자마자 준비를 거쳐 2013년 성남시의료원을 착공시켰습니다. 그리고 마침내 2019년, 서른두 개의 음압 병상을 갖춘 성남시의료원이 문을 열었습니다.

이제 마지막 질문입니다. '이재명의 정책에는 이재명의 삶이 녹아있다는 말을 자주 하시는데, 어떤 이유에서입니까?'

저는 "국민이 체감하는 정책을 많이 만드는 것이 중요하다"고 생각했고, 또 실제 많이 만들었습니다. 성남시장 8년, 경기도지사 3년 동안 제 모든 정책에는 가난하고 참혹했던 저의 삶, 평범하고 어려운 우리 국민의 삶이 그대로 녹아 있습니다.

아버지가 시장에서 주워온 상한 과일밖에 못 먹었던 저의 개인적 경험이 경기도의 어린이 건강 과일 지원 사업의 모태가 됐습니다. 검정고시 학원비 7천 원이 없어서 공장에 다니며 산재장애인이 되어야 했던 제 개인적 경험이 청년기본소득의 뿌리가 됐습니다. 20만 원이 없어서 일가족이 극단적인 선택을 하는 이 현실이 경기도의 소액 극저 신용대출 사업의 출발입니다.

누군가는 포퓰리즘이라 비난하지만, 성남시민과 경기도민들께서는 크게 만족하셨고, 그 성과 덕분에 제가 지금 이 자리에 설 수 있었습니다. 성남시장, 경기도지사 시절 공약 이행률은 평균 95%가 넘습니다. 실천했고, 실적으로 실력을 증명했다고 자부합니다.

저는 자신이 있습니다. 국민 여러분께서 저 이재명을 대통령으로 선택해 주시면 성남시민, 경기도민들이 그러셨듯이 대통령 한 사람이 바뀌었을 때 국민 삶이 얼마나 바뀔 수 있는지 실적으로 체험시켜 드리겠습니다.

사랑하는 국민 여러분, 저 이재명을 선택해 주신다면 위기에 강한 경제 대통령으로서 위기 극복을 넘어 기회가 넘치는

"
소년공이 쏘아 올린 작은 희망,
국민을 위한 큰 희망으로 만들겠습니다.
"

성장국가, 희망과 꿈이 가득한 공정한 사회를 만들어서 반드시 보답하겠습니다. 고맙습니다.

청년기본소득이
가져다 준 삶의 변화

이재명은 어린 시절을 회상하면서 과일에 얽힌 이야기를 자주
한다. 아버지가 시장에서 주워온 상한 과일을 먹었던 것이 평생
서러움으로 남아 있나 보다. 본인이 겪은 일을 국민은, 특히 자
라나는 청년들은 겪지 않길 바라는 마음에서 성남에서는 청년
배당 정책을 시행했고, 그것을 발전시켜 경기도에서는 청년기
본소득 정책으로 이어갔다.

청년기본소득으로 경기도 청년이 '귤'을 사 먹었다는 사연이 알
려졌다. 그는 그 이야기를 듣고 얼마나 좋았는지 청년기본소득

의 좋은 사례로 매번 언급했다. 귤을 사 먹는 것 말고도 청년기
본소득이 할 수 있는 일이 너무나 많았는데도 말이다. 아마 '경
기도 어린이 건강 과일 지원 사업'과 '청년기본소득'이 결합된
사례라고 생각했던 모양이다.

이재명은 "귤만 이야기할 게 아니라 청년기본소득을 경기도 청
년들이 어떻게 활용했는지 '숙의 공모전'을 개최하자"는 제안을
흔쾌히 받아들였다. 그렇게 해서 '경기도 청년기본소득 참여 후
기 모집 공모전'이 진행되었다.

2021년 1월 5일 경기도일자리재단에는 <(01.04.) 도 일자리재
단, '경기도 청년기본소득 참여 후기 모집 공모전' 작품집 발간>
이라는 게시글이 올라왔다.

청년기본소득으로 인한 '나의 생활변화'를 자유롭게 표현한
수필, 포스터, 사진 등 총 228개 공모전 수상작품 수록
　- 경기도일자리재단 홈페이지 또는 청년기본소득 공모전 블로그
　　에서 확인 가능

　경기도와 경기도일자리재단이 '청년기본소득 참여 후기 모집 공모

전' 수상작들을 모아 작품집을 발간했다.

'경기도 청년기본소득 참여 후기 모집 공모전'은 지난 8월 '청년기본
소득으로 인한 나의 생활변화'를 주제로 참여자들을 통해 청년기본
소득의 긍정적 효과와 향후 방향성을 모색하기 위해 마련됐다. 수
필·영상·포스터, 사진·한 줄 후기 등 2개 공모 분야로 진행됐다.

공모작 총 2,465개 중 작품집에는 대상을 수상한 김지연 씨의 수필
'온점이 쉼표가 되는' 등 수상작 228개 전체가 수록됐으며, 지난달 31
일 도내 시·군 청년복지부서와 고용복지플러스센터, 청년지원센터
등에 전달됐다.

4일부터는 경기도 일자리재단 홈페이지(www.gjf.or.kr) 홍보간행물
게시판에서 누구나 무료로 작품집을 내려 받을 수 있다.

경기도 청년기본소득 공모전 블로그(http://blog.daum.net/gjf-
gibon/)에서도 수상작 전 작품을 확인할 수 있다.

안타깝게도 현재 해당 블로그는 접속이 되지 않는다. 경기도 일
자리재단 홈페이지에서도 찾기 어렵게 되었다. 하지만 많은 청
년이 청년기본소득을 통한 삶의 변화를 이야기해주었다.

저에게 청년기본소득은 '온점이 쉼표가 되는' 역할이었습니다. 저는
20대 중반에 1년간 취준생(취업준비생)이라는 타이틀을 달게 되었
습니다. 그 당시 심리적으로 매우 힘든 탓에 '그만하고 싶다'는 마음

이 들었고 어느 순간 제 발전에 온점을 찍고 싶었습니다. 하지만 우연히 청년기본소득 제도에 대해 알게 되었고 저의 취준생 생활에 쉼표를 찍으며 다시 한 번 더 나아갈 수 있는 계기가 되었습니다.

– 김지연 씨 수필 <온점이 쉼표가 되는>

대상을 수상한 김지연 씨는 <온점이 쉼표가 되는>이라는 글에서 어려웠던 취준생 생활에 쉼표를 찍으며 더 나아갈 수 있게 되었다고 말해주었다. 또한 "식비, 월세, 교통비, 문화생활, 여가생활을 포함한 삶의 전반적인 곳에서 큰 도움이 되었다."는 최우수 영상 작품 <취업준비로 고민의 연속인 20대>(경기도 청년기본소득 후기 공모전 최우수작, 다시 찾은 여유 made by 이슬)도 많은 조회수를 기록했다. 그 외에도 '배우고 싶었던 외국어를 배울 수 있게 되었다'는 등의 다양한 후기가 줄을 이었다.

청년기본소득을 처음 도입하던 당시의 비판은 온데간데없이 사라졌다.

내가 겪은 불행,
국민은 겪지 않도록

"아버지가 시장에서 주워 온 거의 상한 과일만 먹었던 저의 개인적 경험이 경기도의 어린이 건강 과일 지원 사업의 모태가 됐습니다. 검정고시 학원비 7천 원이 없어서 공장에 다니며 산재장애인이 되어야 했던 제 개인적 경험이 청년기본소득의 뿌리가 됐습니다. 20만 원이 없어서 일가족이 극단적인 선택을 하는 현실이 경기도의 소액 극저 신용대출 사업의 출발입니다."

이재명의 지난 20대 대선 첫 방송 연설 중 일부다. 짧은 단락이지만 '이재명'이라는 사람의 소년기, 청소년기, 청년기의 어려움과 슬픔, 애환 그 모든 것이 담겨 있는 부분이다.

이재명은 본인이 겪었던 그 슬픔을 적어도 경기도 청년들만은 절대로 느끼지 않기를 바랐다. 경기도의 청년 정책은 주변 사람들에게 조언을 구하고 작금의 경기도 청년들에게 직접 묻고 듣고 반영한 것도 있지만 스스로 겪었던 불편함을 해소하는 것, 더 정확히는 자신과 같은 '소년 이재명'이 없도록 하는 것에서부터 출발했다.

이재명은 아동 수당이라는 말 자체가 대한민국에 자리 잡기도 전에 태어났다. 그러나 현대의 발전한 대한민국에서는 예전의 그가 느낀 의식주의 결핍으로 인한 고통이나 슬픔과는 다른, 필요하지만 부족한 것들이 생겨났다. 과일이 먹고 싶다, 학원을 다니고 싶다, 문화 생활을 하고 싶다……. 이 외에도 도지사가 된 이재명에게는 할 일이 태산이었다. 없는 것을 신설하는 것도 중요했지만, 있는 것을 잘 활용하는 것도 중요했다.

그중 하나가 '알려주는 것'이었다. 국민은 주어진 권리를 의외로 잘 모르고 있다. 시쳇말로 '있는데 못 챙겨먹는 것'들이 있다. 내가 기본적으로 주장할 수 있는 것, 대한민국 국민이라면 누구나 혜택을 볼 수 있는 것을 '알리는 것'이 무엇보다도 중요하다고 생각했다.

흔히 '정보의 격차'라고 말하면, 신기술만 생각한다. 이재명은 AI(인공지능)나 새로운 전자기기 사용법 같은 거창한 것들이 아니라 국민 스스로 주어진 권익을 알고 권리를 행사할 수 있도록 하는 것에 집중했다. 본인도 누군가 알려주지 않아서 손을 놓고 있다가 시간을 낭비한 경험이 많았기 때문이다.

가끔은 실패를 무릅쓰더라도 추진했던 정책이 있었고, 실패하는 과정까지도 경기도민에게 '정보를 알리는 목적'으로 활용하려고 최선을 다했다. 그 대표적인 사례가 바로 '생애 첫 국민연금 보험료 지원'이다.

2023년 7월 23일 연합뉴스 <이재명 '생애 첫 국민연금 보험료 지원'에 "청년불신 해소 방안"> 기사를 보면, 이날 국민연금 개혁과 관련한 논의 기구에서 '만 18세 이상의 모든 청년에게 첫 1개월 치 보험료를 지원하는 안'이 거론된 것이 보도되었다.

"
어린 시절 아버지가 시장에서 주워 온
상한 과일만 먹었던 경험이
경기도의 어린이 건강 과일 지원 사업과
청년기본소득 정책의 모태가 됐다.
"

이재명은 페이스북에 글을 올려 "이 방안은 사회적으로 국민연금 조기 가입을 유도하고, 가입 기간이 길어지면서 연금 수령 혜택이 늘어나 청년층의 '연금 효능감'도 높일 수 있다"고 밝혔다.

이재명이 정부 논의 기구를 향해 환영하는 메시지를 낸 것이지만 이것은 이미 경기도지사 시절에 제안한 바 있는 내용이다. 그가 "사실 '생애 첫 국민연금 보험료 지원'은 2017년 대선 경선에서, 또 경기도지사 선거에 출마하면서 냈던 공약이기도 하다"며 "당시 보건복지부의 반대 등 여러 이유로 이행되지 못했는데, 정부의 연금개혁 기구에서 이런 제안이 나왔다니 반가운 마음이 든다"고 말한 이유이다.

2018년 경기도지사 선거 당시 이재명 후보는 '생애 최초 청년국민연금! 새로운 경기도가 지원하겠습니다!'는 공약을 내세웠다.

아이를 위해 적금 통장을 개설해주는 아빠, 엄마의 마음으로 준비했습니다.

경기도에서 성인이 되는 만 18세 청년의 첫 국민 연금 보험료 지원을 약속드립니다.

국민연금 최초 가입을 빨리하면 가입 기간이 길어지기에 연금 수령 혜택을 더 받을 수 있고, 젊어서 연금 보험료를 내지 못했더라도 나중에 언제든지 보험료를 낼 수 있어 노후에 연금을 더 많이 받을 수 있답니다.

이재명은 경기도지사 당선 이후 2019년 5월, 6월, 7월 세 차례에 걸쳐 보건복지부와 사회보장제도 신설을 위한 재협의를 했다. 그후에도 수시로 협의를 이어왔지만, 의견 절충을 이루지 못했다. 문재인 정부의 보건복지부는 경기도가 설계한 청년국민연금 지원 사업이 연대 원리와 성실 납부가 기본인 사회보험 기본 원칙에 맞지 않는다고 판단한 것이다. 또한 경기도민에게만 국민연금이 더 투입돼 다른 지자체와의 형평성이 우려되고, 국민연금 재원 안정성에도 영향을 미칠 수 있다고 설명했다.

다른 지자체와의 형평성 문제는 제기할 수 있지만 경기도는 이미 관련 예산 146억 6천만 원을 확보했고, 5월 말에는 이 예산을 집행할 수 있는 지원 근거 조례도 제정해둔 상태라 당시 보건복지부의 판단은 더욱 아쉬웠다.

원래도 정보의 격차 문제를 중요하게 생각했던 이재명은 소위 말하는 잘 사는 지역의 부모들은 자식이 태어났을 때부터 장래에 대비해 여러 가지 적금과 보험을 들어주고 국민연금까지 빠르게 챙겨주는 것들을 언급하며, 이러한 "일방적인 정보의 공개와 이용으로 부의 대물림이 한쪽으로 편중되는 것을 막아야 한다"고 여러 차례 강조했다. 적어도 "경기도 400만 청년에게 연금만이라도 일찍 가입하게 해서 정보의 격차를 줄여야 한다"고 주장했다.

안타깝게도 이 정책은 펼칠 수 없었다. 그러나 거기에 굴복하지 않고 이재명은 청년들을 위해 확보해둔 예산을 그대로 경기도 청년들이 활용할 수 있도록 만들었다.

경기도의회는 지난 23일 임시회 본회의에서 '경기도 생애 최초 청년 국민연금 지원조례' 전부 개정안을 의결했다. 이 조례는 정책 포기에 따른 출구전략을 담았다. 경기도 거주 만 18세 청년에게 국민연금 가

수원컨벤션센터에서 열린 '대한민국 기본소득 박람회'에서
이재명 경기도지사가 기본소득 박람회 홍보대사 이원일 쉐프와
포토월 앞에서 포즈를 취하고 있다.
(2019년 4월 29일)

입을 위한 1개월분 보험료(9만 원)를 지급한다는 당초 조례의 핵심 내용을 삭제해 이름만 남겼다. 다만 청년들을 대상으로 연금 조기 가입 장려를 위해 교육·홍보 등을 실시하고, 교육을 이수하면 도서 구입 지원금을 지급할 수 있다는 내용을 새로 포함시켰다.

－"이재명 '생애최초 국민연금 지원' 결국 폐기… '도서지원금' 지급으로",

<조선일보>, 2021.02.24.

확보된 예산은 쓰지 못하면 다른 곳에 쓸 수도 있다. 하지만 이재명은 청년을 위해 확보해두었던 예산을 다른 곳으로 돌리지 않았다. 원래의 취지는 무너졌지만 역시나 청년을 위한 예산으로 활용했다.

이재명의
실용과 추진력

사람들은 시작한 일만 기억하기 쉽다.

코로나19 확산 시기 대학교 기숙사를 긴급 동원하여

병상을 확보하고 코로나19 환자를 빠르게 격리시켜서

도민의 안전과 건강에 최선을 다한 것만 기억하기 쉽다.

하지만, 이재명은 그 이후의 일까지 세심하게 살폈다.

이재명의
1분은 5137만 분

'이재명' 하면 떠오르는 것은 '빠른 추진력'이다. 하지만 추진력은 그냥 생기는 것이 아니다. 충분한 회의를 거치고 수많은 자료를 검토하여 의사 결정을 한 뒤에라야 비로소 집행할 수 있게 되는 것이다. 외부에서 보이는 것처럼 모든 과정이 속전속결로만 진행되었을 거라고 생각하면 오산이다.

먼저, 이재명은 회의를 대하는 태도가 남다르다. 수시로 시계를 들여다 보며 시간 관리에 철저하다. 소년공으로 일과 학업을 병행해야 했던 어린 시절이 그로 하여금 자연스럽게 시간 관리를 철저하게 하도록 만들었다. 이재명 대표가 자주 하는 말이 있다.

"나의 1분은 성남시민의 91만 분이다.
나의 1분은 경기도민의 1364만 분이다.
나의 1분은 대한민국 국민의 5137만 분이다."

고작 1분이라고 생각할 수 있는 부분이지만, 그 1분을 내가 책임지고 있는 사람들의 시간으로 계산하면 기하급수적으로 늘어나기 때문에 철저히 그 시간을 지키려고 한다.

엄격한 것은 회의 시간만이 아니다. 회의 내용 준비도 마찬가지다. 실제로 회의 내용을 충실하게 준비하지 않은 참석자는 매섭게 꾸짖는다.

이재명 도지사에게 "업무 방해하지 마세요!"라는 이야기를 들은 기관장이 있었다. 회의를 방해하거나 자기 기관의 예산을 더 따내기 위해 이른바 '깽판'을 놓은 사람에게 한 말이 아니다.

예산 관련 회의를 하는 도중 이재명 지사의 소요 예산 질문에 해당 기관장이 0.2~0.5% 정도라고 두루뭉술하게 답변했다. 그냥 넘어갈 수도 있는 상황이었고, 실제로 다들 넘어가는 분위기였다.

그때 이재명은 회의를 멈추고 자료 한쪽 여백에 계산을 시작했다. 계산을 마친 그는 "지금 0.2%였을 경우와 0.5%였을 경우의 예산액 차이가 500억 원입니다. 이거 계산 제대로 한 거 맞나요? 정확히 얼마인가요?"라고 물었고, 기관장은 답변을 하지 못했다. 그 순간 자리한 공무원들이 긴장했다.

최종 결정이 아니라 과정이라고 생각해서 그 기관장은 두루뭉술하게 이야기했을 것이다. 그러나 이재명은 적어도 담당자가 자기 분야에서 넘겨짚듯이 말하는 것은 용납하지 않았다. 그때 나왔던 말이 "업무 방해하지 마세요!"였다.

살다 보면, 모르는데 아는 척하는 경우도 있고, 어차피 오늘 당장 결론이 나지 않을 경우라면 두루뭉술하게 이야기하는 경우가 있다. 하지만 이재명은 그렇게 일하지 않았다. 나의 1분이 경기도민의 1364만 분이기 때문에, 부정확한 정보로 회의의 결과

가 어긋나는 것을 극도로 경계하고 주의를 줬다. 보통은 계산을
제대로 하라고 말할 텐데, 굳이 '업무 방해'라는 표현까지 쓴 이
유도 우리가 일하는 이유가 경기도민을 위한 것이기 때문이라
고 설명했다.

경기도민을 위한 예산 집행이 기관장의 나태함으로 늦어진다면
이는 계산의 문제가 아니라 업무 방해 영역이 된다. 더군다나
국민을 위한 일이라면 더 말해서 무엇하겠는가.

신속하고
적극적인 행정

2024년 9월 20일, KBS가 보도한 기사의 제목은 <'하루종일 쇠 긁는 소리'… 북한 확성기 방송에 주민 피해>였다. 접경지역 주민들은 매일매일 정체불명의 사이렌 소리와 동물 울음소리, 그리고 쇠를 긁어대는 소리에 고통스러워하고 있었다. 문제는 이 소음을 들으면서도 하소연하는 것 말고는 해결방법이 없다는 것이었다. 소음을 측정해보니 소음도가 45~50데시벨, 심할 때는 난청을 유발할 수 있는 87데시벨까지 올라갔다.

사람뿐만이 아니었다. 가축들도 피해를 보는 것은 마찬가지였다. 9월 22일, 채널A 기사 제목만 소개하자면, <北 '기괴 소음'에 주민들 고통… 가축도 사산>이었다.

두 달 뒤, 11월 21일자 YTN 기사는 <'새벽 귀신소리에 주민 모두가 수면장애'… 北 확성기 피해 '극심'>이었다. 인천 강화군의 정신건강복지센터가 대남방송 피해가 집중된 주민 78명을 조사한 결과 10% 가량이 일상생활조차 힘들다고 호소했고, 당산리에 거주하는 147가구 주민 모두가 수면장애를 겪었으며, 심지어 수면제를 복용하고 있는 주민도 많았다. 현재도 접경지역에서 직접적 피해를 겪고 있는 주민들은 정부와 경기도청을 향해 '대북 전단 살포'를 막아달라며 요구하고 있다.

대북 전단 살포 중단은 2018년 4.27 판문점 선언에서 남과 북이 합의한 내용이다. 4.27 판문점 선언 2조 1항에는 '2018년 5월 1일부터 군사분계선 일대 확성기 방송과 전단 살포를 비롯한 모든 적대행위 중지, 그 수단 철폐'를 서로가 약속했다.

실제로 그 합의가 빛을 본 순간도 있었다. 2020년 12월 15일, 한겨레는 <대북전단금지법 통과'… 판문점 선언 2년 8개월 만에 법

적 이행>이라는 기사를 통해 상세히 설명했다. 소제목에는 '112만 접경지역 국민 생명·안전·경제활동 보호'라고 적혀 있었다.

그런데, 도대체 왜 5년이 흐른 이 시점에 또다시 대북 전단 살포로 인한 고통을 받게 된 것일까.

이재명은 경기도지사 재임 시절 이 부분을 특히 강조했다.
첫째, 접경지역을 책임지고 있는 지자체장으로서 자신을 뽑아준 경기도민을 위해 마땅히 해야 할 일이라고 생각했다.
둘째, 위에서 언급한 국회에서의 법안 발의 외에도 행정 명령으로 가능한 일들이 있었기 때문이다.

2018년 4.27 판문점 회담 이후, 국민은 앞으로는 모든 것이 평화로울 것이라고 생각했다. 하지만 2019년 2월 북미회담이 결렬되고, 다시 한반도의 위기감이 고조되었다. 2020년 '대북 전단 금지법'이 통과되었지만, 2018년 수준의 평화를 느끼기는 어려웠다. 판문점 회담 이후 치러진 지방선거에서 경기도지사로 당선된 이재명은 냉탕과 온탕을 넘나드는 처지였다.

이재명 도지사가 경기도청 상황실에서 열린
경기도 내 탈북단체장 및 탈북주민과의 간담회를 주재하고 있다.
(2020년 6월 24일)

'하노이 노딜' 이후 정국이 급변했고, 경기도는 경기도대로 접경지역의 불안감을 해소하는 역할을 해야 했다. 모든 것을 정부와 국회에만 맡겨두고 안심할 수 없는 상황이었다.

북미 회담 결렬 이후 경기도는 접경지역의 안보 불안에 두 가지 방식으로 접근했다. 하나는, 남북관계 회복과 정상화를 위해서 경기도가 할 수 있는 방법을 찾아보는 것이었다. 다른 하나는, 언제 다시 시작될지 모를 불안정한 사태를 대비하는 방안이었다. 연평도 포격 사건처럼 경기도민의 생명과 안전에 직접적으로 영향을 미치는 일이 발생할 수도 있기 때문에 경기도 차원에서 예방할 수 있는 것들은 모두 해야 했다.

대북전단의 경우 북한으로 넘어가는 것도 문제였지만, 바람에 밀려서 도내 민가에 피해를 주는 경우도 허다했다. 북한이 아니라 아무 잘못도 없는 경기도민에게 크나큰 피해를 주고 있었다.

방법을 찾아야 했다. 회의가 열렸고, 이재명은 경기도 산하 전 부처에 막을 수 있는 방법을 강구하라고 지시했다. 즉각 TF팀이 구성되었다. 중요한 것은 '모든 부처'에 지시를 내렸다는 점이다. 쉽게 접근했다면 경기도 내의 대북 관련 부처나 특별사법 경찰과 같이 행정력을 동원할 수 있는 부처에만 지시를 내리면 됐겠지만, '북한'이 아닌 우리 측에서 날리는 '전단'이라는 지점에서 출발했기 때문이다.

대북 전단 살포가 여러 문제를 발생시킬 수 있다는 점이 전제됐다. 사전허가를 받지 않고 전단지를 날렸을 경우의 문제와 위법성은 옥외 홍보물 관리를 담당하는 공무원이 소환될 수도 있다. 그리고 그것이 아무 곳이나 떨어졌을 경우의 문제와 위법성 제기로 환경 미화 담당 공무원, DMZ 인근 항공 담당, 안보 담당이 나서야 할 수도 있다. 전단지가 바다로 날아가 떨어진다면 해양 쓰레기 담당이 나서야 할 수도 있다. 산으로 날아가 떨어졌을 때는 산림 담당 등이 행정적으로 조치해야 한다. 문제와 위법성을 막아설 수 있는 조금의 여지라도 있다면 전단 살포 시작 자체를 '통제'할 수 있다고 판단했다.

그래서 '재난 및 안전관리 기본법'(재난안전법)을 뒤져서 적용할 수 있는지 여부까지 따졌다. 재난안전법에 따르면, '재난이란 국민의 생명·신체·재산과 국가에 피해를 주거나 줄 수 있는 것'이라고 정의한다. 여기서 재난은 해외 재난과 국내 재난으로 나누고 이를 다시 자연 재난과 사회 재난으로 나눈다.

실제 2020년 12월 2일 경기신문 기사, <이재명 경기도지사 노력 결실… '대북 전단 살포 금지법 통과'>를 보면 다음의 대목이 나온다.

> 이 지사는 당시 "접경을 품은 도는 남북관계에 따른 영향을 가장 먼저, 가장 직접적으로 받는다"며 "6년 전 대북전단 살포로 인해 총탄이 마을로 날아오는 등 무력 충돌이 촉발되기도 했다. 막무가내로 대북전단을 살포하겠다는 것은 군사적 충돌을 유발하고 한반도에 긴장을 높이겠다는 '위기조장' 행위이자 도민의 생명과 안전을 위협하는 '사회재난 유발행위'"라고 밝혔다.

관련 법 제정은 모든 가능성을 열어두고 행정적으로 막아설 수 있는 방법을 강구한 결과였다. 이후에 이재명은 곧바로 적용하기보다 적용해도 되는지를 꼼꼼히 살폈다. 마지막 단계에 이르렀을 때, 도지사가 전체 소집령 같은 것을 내려도 되는지 등을 검토했다. 경기도 자문 변호인단에게는 재난안전법에 해당된다고 해서 도지사가 할 수 있는지, 할 수 있다면 직권 남용이라든지 법적 문제가 발생하지는 않는지 정확하게 점검해달라고 당부했다.

단속은 곧장 처벌로도 이어졌다. 2020년 6월 24일 연합뉴스는 <경기도 특사경, 대북전단 살포 단체 수사… 이재명 "관용 없어">라는 기사를 썼다. 주요 내용은 다음과 같다.

경기도는 24일 "이재명 지사가 '도민의 생명과 안전을 돈벌이 수단으로 활용하는 행위에 관용이란 없다'며 특사경에 즉시 수사를 개시하라고 지시했다'고 밝혔다. 특사경은 우선 대북전단을 기습 살포했다고 주장한 탈북민단체인 자유북한운동연합 박상학 대표를 중심으로 경기도 행정명령 위반 여부를 확인하는 내사에 착수했다.

자유북한운동연합은 22일 밤 대북전단을 기습 살포했다고 주장했으며, 살포한 대북전단 풍선은 23일 오전 강원 홍천에서 발견됐다. 앞서 경기도는 지난 12일 군부대를 제외한 파주, 포천, 김포, 고양, 연천 등 5개 시군 전역을 '위험구역'으로 설정하는 행정명령을 내렸다.

행정명령에 따라 위험구역 내 대북 전단 살포자의 출입, 대북전단 관련 물품의 준비·운반·살포·사용 등이 금지됐다. 해당 단체의 전단 살포가 사실로 밝혀질 경우 행정명령 위반에 해당된다.

행정명령 위반자는 형사 입건이 가능하며, 재난 및 안전관리기본법 제41조와 제79조에 따라 1년 이하 징역 또는 1천만 원 이하의 벌금형을 받게 된다.

윤석열 정부가 들어서고 대북 전단 살포를 엄격하게 관리하는 체계가 무너졌다. 2024년 6월 3일 연합뉴스 기사의 제목은 <정부 "대북전단 살포는 '표현의 자유'"··· 자제요청 불가 재확인>이었다. 이재명 도지사가 퇴임하고, 신임 도지사가 들어섰지만 적절한 대처가 이루어지지 않아 경기도민은 불안에 떨고 있다.

군이 정부가 아니라도 모든 부처 소집 명령을 내려서 방법을 강구하라고 지시했던 이재명 도지사와 같은 화끈하고도 적극적인 행정력이 다시 한 번 빛을 발해야 할 때다.

철저한 공복公僕 의식에서 오는
치밀함과 섬세함

이재명과 함께 회의에 들어갔을 때다. 보고를 하다가 말미에
"같습니다"로 마무리했다. 으레 하는 습관과도 같은 말이었다.
그 순간 이재명은 회의를 멈췄다. "잠깐만요! 왜 공무를 다루는
회의에서 '같습니다'라는 표현을 씁니까?" 그게 맞는지 틀리는
지, 많은지 적은지 담당자가 정확한 정보에 근거해 보고를 해야
지, 여기서 '같습니다'라고 애매하게 판단하게 되면, 아래로 내
려 갔을 때 큰 혼란을 줄 수 있고, 그러면 결국 피해는 도민이 볼
수 있다는 것이다. 얼굴이 화끈거렸다. 비공개 회의 자리에서도
행정 서비스의 최종 수혜자인 국민을 생각하는 그의 철저한 공

복 마인드에 놀랐고, 어쩌다 공무원이 된 스스로를 돌아보게 되었다.

이재명의 디테일은 이처럼 남다르다. 회의가 비공개라면 이런 내용은 당사자가 직접 이야기해주지 않고서는 알 수가 없다. 하지만 그것이 공개회의라면 이야기가 달라진다.

이재명은 경기도지사 시절, 최초로 온라인 회의를 진행했다. 관심 있는 경기도민은 물론이고 전 국민이 경기도지사가 참여한 회의를 볼 수 있었다. 회의를 쭉 진행하던 그가 잠깐 멈추고 "댓글 좀 봅시다"라며 살피더니, 바로 그 자리에서 담당자에게 "이거 가능한 겁니까?"라고 질문했다.

담당 공무원 입장에서는 죽을 노릇이었다. 사실 여부를 떠나서 당사자의 말 한마디가 유튜브로 실시간 중계되고 있으니, 자칫 잘못했다가는 무능한 공무원이라는 인상을 남기기 십상이었다. 게다가 같은 부서 하급 직원들에게도 회의를 제대로 준비하지 않았다는 불신감을 심어줄 수도 있기 때문이다.

경기도청 신관 1층 재난상황실에서 이재명 경기도지사가
'태풍 대비 긴급점검회의'를 주재하고 있다.
(2018년 7월 1일 오전)

일방적으로 공무원에게 불편한 회의일 수 있지만, 회의를 주관하는 경기도지사도 그 검증과 시험의 무대에 같이 올라가 있다. 선출직이 아니면 대부분 공무원의 이름도 알지 못하는데 유튜브 생중계 상황에서 정확한 답변을 한 공무원은 이른바 라이징 스타가 될 수도 있다. 댓글 중 특별사법경찰 관련 내용이 올라왔고, 이를 담당한 공무원이 실제 가능 여부와 집행 의지를 보여 칭찬을 받은 사례도 있었다.

행정의 일방적인 객체였던 도민이 직접 참여하고, 도민의 의견을 반영하며, 결정을 매듭짓는 모습을 실시간으로 지켜본 경기도민은 이재명만의 '효능감'을 제대로 느낄 수 있는 공개회의였다는 평가를 내렸다.

숙의 후에 결정하고,
좌고우면하지 않는다

이재명의 업무 처리는 빠르게 느껴진다. 최종 결정이 나고 나면
저돌적으로 시행하기 때문이다. 그러나 최종 결정을 내리기 전
까지는 오랜 숙의를 거친다.

먼저, 이재명은 객관적인 정보를 최대한 많이 모은다.

들어보고 호기심이 생기고 필요한 일이라고 생각하면 '시작해
보라'고 한다. 하지만, 앞서 언급했듯이 이건 '시작'일 뿐이다. 이

재명은 정보가 객관적일수록 정확한 판단이 나온다고 믿는 사람이다. 제안한 사람만큼 또는 제안한 사람보다 훨씬 더 많은 정보를 직접 찾아보기도 하고 주변에 자문을 구하기도 한다.

정보 수집 과정에서 마음이 한쪽으로 기울어져 있으면 객관적 정보 취득과 판단이 어렵다. 그래서 반드시 반대하는 의견도 들어보고 결정한다. 이렇다 보니, 의사 결정 '과정'에서는 '답답하다'는 이야기까지 들을 정도다. 밖에서 보이는 '사이다'와 '저돌적 행정 집행'은 모두 이런 과정을 거친 후에 등장한 결과물이다.

이재명은 가짜뉴스를 매우 경계한다. 자신을 향한 악의적 왜곡이 담긴 가짜뉴스가 아니라, 팩트가 왜곡된 정보를 가려내려고 일일이 직접 검증한다. 본인이 잘못 선택하는 순간, 정책 집행 이후 정책 수혜자인 주권자의 삶이 나빠지는 것을 알아서다.

둘째, 최대한 날것의 정보를 취합하려고 한다.

게이트 키퍼를 두고 필터링된 자료를 받으면 효율적이고 빠른 의사 결정이 가능하다. 그런데 게이트 키퍼가 실수를 한다면?

게이트 키퍼가 가짜뉴스에 노출되어 있다면? 게이트 키퍼가 개인적으로 싫어해서 정보를 왜곡한다면? 이 모든 가능성이 조금이라도 남아 있으면 안 되기 때문에 최대한 날것의 정보를 직접 취합해서 결정한다.

셋째, 수집한 정보를 바탕으로 혹시 모를 변수를 생각한다.

결정하고 실행해서 원하던 좋은 결과로 이어진다면야 얼마나 좋을까. 하지만 어떤 일이든 변수가 발생한다. 코로나19와 같이 전혀 예측하지 못한 일로 전 세계가 피해를 입을 수도 있다. 따라서 언제나 플랜 B를 상정해두고 움직인다.

이 모든 과정을 거치고서야 집행으로 넘어간다. 국민은 이때부터 '이재명'을 보게 된다. 결정하고 나면 좌고우면하지 않고 달려든다. 심도 있는 고민과 숙의의 과정을 거치고 나면 이제는 앞만 보고 달린다. 심지어는 책임이 따라야 한다면 "내 이름으로 기록해두세요"라고 일러둔다.

> "
> 좋은 결과는 잘한 결정 때문이 아니라
> 결정 후에 한 노력 덕분이다.
> "

실무를 담당하는 공무원에게 책임을 돌리지 않고 본인에게 향하게 만들어 둔다.

이런 숙의 과정과 꼼꼼함 덕분에 빠르게 집행해도 큰 문제가 발생하지 않는다. 그러면 이재명은 늘 이 말을 덧붙인다.

"좋은 결과는 잘한 결정 때문이 아니라 결정 후에 한 노력 덕분이다."

비용 못지않게
편익도 중요하다

도로를 내려면 그 땅 소유주에게 적절한 보상을 해주어야 한다.
모두가 이걸 알고 있지만 가끔은 땅주인이 가격을 무리하게 올
리면서 보상을 거절하는 경우가 있다. 소위 알박기다.

경기도에서도 그런 일이 있었다. 한 땅주인이 아무리 설득을 해
도 주변 매입한 땅에 비해 과하게 비싼 금액을 요구하며 토지
보상을 거부했다. 사업이 지지부진해지자, "그 땅을 우회해서
도로를 냅시다."는 의견이 나왔다.

이재명은 한참을 고민하더니, 그 사람이 원하는 토지 보상금액과 우회해서 도로를 내는 비용을 비교해보라고 지시했다. 거기에 하나 더, 이용 차량이 직선 도로를 달렸을 때의 비용 대비 우회된 도로를 달렸을 때의 연비 등을 계산해보라고 했다. 아울러 직선보다 굽은 길에서 사고가 날 확률이나 위험성까지 고려해보라고 했다.

주변 땅값이 원래 10만 원이었는데, 도로를 낸다는 계획에 10배가 올라서 100만 원에 매입을 해주었다. 그런데 한 사람이 길목을 지키고서 200만 원을 요구하면 담당자는 화가 난다. 세금을 내는 입장에서도 '내 돈'이 그렇게 쓰이면 기분이 나쁠 것이다.

이재명은 이 같은 상황에서 냉정을 유지했다. 전체 도민의 입장에서 생각해보자고 했다.

직선 도로를 내는 것이 가장 최선이다. 누구든 도로를 이용하는 사람들은 가장 빠르고 안전하게 도로를 지나가고 싶어한다. 그런데 만약 한 사람이 법률적으로 정해진 소유권을 주장하며 주변 사람들보다 훨씬 더 높은 금액을 요구한다면 어떻게 해야 할까? 현실에서는 불가능하지만, 도민 전체가 공청회에 참가할 수 있다는 전제를 해본다면 그 자리에서 '알박기'한 사람만 빼고 우회도로를 만들자고 쉽게 말할 사람이 있을까? 다들 고개를 저을 것으로 본다.

여기까지 고민하고 움직여야 한다는 것을 강조하기 위해 이재명은 담당자들에게 비용과 편익을 비교하는 계산을 지시했다. 도로는 한 번 내면 쉽게 바꿀 수 없고, 보통은 100년 쓴다는 생각으로 내기 때문에 당장의 비용만을 생각할 수만도 없는 것이다.

땅주인 설득에 진을 빼는 것이 힘들고 고통스러웠던 담당자들도 현실을 객관적으로 바라보고 다시 생각하기 시작해야만 했다.

아이디어는 시작일 뿐,
과정은 치열하게

농촌의 중요성은 몇 번을 강조해도 지나치지 않다. 쌀 생산량과 소비량이 감소하는 가운데 오래지 않아 수입산이 더 저렴하고, 고령화된 농촌은 앞으로 모두 자동화가 진행될 것이라는 등등의 전망이 대세다. 그렇건만 대한민국에 단 한 명의 농부라도 남아 있고, 단 한 마지기의 땅이라도 경작할 수 있다면 농촌은 지켜내야 한다. 식량 안보와 식량 주권이 걸려 있는 농업은 다른 산업으로 대체될 수 없는 최우선 산업이다. 농촌만의 정체성이 있다.

실제로 쌀 소비량은 줄지도 않았다. 2025년 <한겨레21>의 기사 <쌀 소비 줄었다고? 진짜 통계를 보라>를 보면, 2025년 1월 23일 통계청이 발표한 '2024년 양곡소비량 조사'에 따라 1인당 쌀 소비량이 소량 줄어든 것으로 나타났다.

이 조사에는 1인당 쌀 소비량에 실제 쌀을 소비하는 모든 분야가 담기지 않았다. 통계청이 말한 1인당 쌀 소비량은 가구 부문만이다. 우리가 집에서 밥솥으로 해 먹는 쌀만 포함되어 있고, 다른 방식의 쌀 소비는 파악되지 않았다. 가끔 먹는 떡이나 막걸리, 1인 가구 증가로 폭발적 성장을 거듭하고 있는 즉석밥, 장류 등 기업이나 상점에서 만든 쌀 가공식품 등이 담긴 '사업체 부문'이 빠졌다. 가정에서 밥솥으로 먹는 쌀이 아닌 모든 부문의 쌀을 포함한 쌀의 소비는 '뜻밖에도' 줄어들지 않았다.

2025년 1월 23일에 게시된 통계청의 자료 역시 마찬가지였다. 아래는 통계청의 자료를 그대로 가져온 것이다.

2024년 1인당 연간 양곡(쌀+기타양곡) 소비량은 64.4kg으로 전년 대비 0.3% 감소

- 쌀 소비량은 55.8kg으로 전년 대비 1.1% 감소
- 기타 양곡은 8.6kg으로 4.9% 증가

2024년 사업체 부문 쌀 소비량은 87만 3,363톤으로 전년 대비 6.9% 증가

– 주요 증가 업종은 기타 식사용 가공 처리 조리식품 제조업

'사업체 부문'은 무려 87만여 톤이 늘었다. 전년 대비 6.9%나 증가했다. 이 수치는 전년 대비 5만 6,242톤 증가한 것이다. 가구 부문 전체 소비량이 288만 7,709톤이니 가구 부문의 약 30%에 달하는 높은 수치다. 또한, 전년 대비 식료품 제조업 쌀 소비량은 58만 4,612톤으로 4.8%(2만 6,548톤), 음료 제조업은 28만 8,751톤으로 11.5%(2만 9,694톤) 각각 증가했다.

농촌에서는 쌀만 생산하는 것이 아니다. 보리쌀, 밀가루, 잡곡류(좁쌀, 수수쌀, 메밀, 율무 등), 두류(콩, 팥, 땅콩, 기타 두류), 서류薯類를 포함한 기타 양곡 1인당 연간 소비량은 8.6kg으로 전년 대비 4.9%(0.4kg) 늘었다. 서류(2.8kg), 두류(1.9kg), 보리쌀(1.5kg), 잡곡(1.4kg), 밀가루(0.9kg)는 전년 대비 모두 증가

했다. 전체 양곡 소비량 중에서 기타 양곡 소비량이 차지하는 비중(구성비)은 13.3%로 전년 대비 0.7%p 증가했다. 기타 양곡 역시 농촌에서 생산된다.

2025년 1월 16일자 조선비즈의 기사에는 흥미로운 내용이 소개되었다. 기사의 제목은 <[비즈톡톡] 햇반도 못 넘보던 日 즉석밥 시장 드디어 열리나>였다. 일본의 경우 현재 쌀 수요는 늘고 공급은 줄면서 한국의 즉석밥 수출 기회가 생길 수 있다는 내용이다. 태풍과 지진 등 천재지변, 기후 위기에 따른 변수가 작용하고 있는 것인데, 한국의 즉석밥 시장과 마찬가지의 이유도 있다. 일본은 1인 가구의 증가와 고령화 사회 진행, 맞벌이 가구가 늘면서 즉석밥을 선호하게 됐다. 그리고 한국의 즉석밥 품질은 계속해서 향상되어 일본 수요에 부응하기 충분하다. 이러한 통계와 사실들은 우리나라 농촌의 중요성을 설명하기에 부족함이 없다 본다.

다시 경기도로 돌아와서 살펴보면, 경기도 농촌기본소득은 '경기도 농촌기본소득 시범 사업에 관한 조례'에 의거해 마련되었다. 실제 소개된 지급 사유는 다음과 같다.

'경기도 농촌기본소득'은 농촌 인구 유입, 주민 삶의 질 향상, 농촌 경제 활성화 등을 위해 농촌지역 주민 개개인에게 지역화폐로 매월 15만 원씩 5년간 지급하는 사업이다. 특히 농촌·농민 기본소득 확대로 소멸기의 농·어촌을 살리기 위해 추진된 것으로, 농·어촌에 거주하는 농·어민과 지역 주민에게 기본소득을 지급해 경제적 기본권을 보장하는 데 주안점을 두었다. 농민을 대상으로 지급하는 농민기본소득과 달리 농촌기본소득은 특정 농촌지역에 주소를 두고 실거주하는 모든 주민이 지급 대상이라는 점에서 차이가 있다.

방점을 농민보다 더 크게 확장해서 농촌으로 잡으면서 지역 소멸 방지 효과도 보려고 한 것이다. 단기적이지만 경기도는 곧바로 효과가 나타났다고 발표했다. 당시 경기도 뉴스포털에서 <연천군 청산면에서 전국 최초 '농촌기본소득' 지급 시작> 기사를 보면 아래처럼 성과를 대대적으로 홍보했다.

농촌기본소득 시행으로 연천 청산면 인구 증가
경기도는 농촌기본소득 시행으로 연천군 청산면 인구가 증가했다고 설명했다.
시범사업이 확정된 작년 말 연천군 청산면 주민은 3,895명이었으나 시범사업 도입 후인 올해 5월 30일 기준 청산면 주민은 4,172명으로 277명(7.1%)이 증가했다. 유입된 인구를 성별로 보면 여성이 52%,

남성이 48%이며, 연령대는 10~20대가 34.3%(95명), 40~50대가 31.4%(87명)를 차지했다.

이 밖에도 도는 올해 상반기 청산면 내 미용실, 숙박업소, 음식점 등 지역화폐 사용가맹점 12개소가 신규로 등록돼 농촌기본소득이 지역 경제 활성화에 도움이 될 것으로 기대하고 있다.

농촌기본소득은 농촌이 주를 이루는 지자체에서는 '역점 사업'이 되고, 농촌이 주를 이루지 못하는 곳에서는 '시범 사업'이 된다. 역점 사업은 실패하면 치명타지만, 시범 사업은 실패하더라도 보완 지점과 교훈이 남는다. 역점 사업과는 예산의 규모가 다르기 때문에 우려되는 치명타를 피해갈 수 있다. 특히 시범 사업은 잘 되면 선례를 쌓을 수 있다.

경기도 연천군 청산면의 농촌기본소득 시범 사업 사례를 보자. 주로 농촌 지역에서 일을 하다 발탁되어 임기가 끝난 뒤 언제든지 귀농할 생각이었던 정무직 담당자는 경기도라는 큰 규모의 지자체라면 농촌에 대한 여러 가지 실험을 해보고 성공 사례를 만들 수 있다고 봤다. 반드시 성공시킨 후, 돌아갈 농촌에 적용해보고 싶었다. 농촌기본소득을 처음 제안할 때도 솔직히 그런 생각이었다. 그래서 도지사 미팅을 신청했다.

"기본소득을 주장하시니, 농촌기본소득을 해 보고 싶습니다. 예산 500억 원만 책정해 주십시오."

사실, 무모한 발언이긴 했다. 500억 원은 웬만한 면 단위의 예산을 넘어가는 큰 액수다. 무모했지만 꼼꼼히 고민해서 산정했다. 2020년 기준으로 중위 30%에 해당하는 1인 가구의 생계 급여가 52만 7,158원이었다. 여기서 착안해 1인당 50만 원씩 주자는 거창한 계획이었다. 그런데 이재명은 의외로 간단히 답변했다.

"좋습니다. 해보시죠."

너무 놀랐다. 이렇게 쉽게 시작할 수 있다니! 사실 무리한 예산 규모를 걱정하기 이전에 도지사가 흔쾌히 받아주리라고는 상상도 하지 못했다.

하고 싶으면서도 '흔쾌히' 답변을 받지 못할 것이라고 생각한 이유는 간단하다. 경기도는 1400만 규모의 인구다. 전체 인구가 혜택을 보는 것이 아니라 농촌 인구만 해당되기 때문에 대상자가 매우 적다.

실제로 경기도 농가 인구는 꾸준히 줄어서 2018년 30만 명 선이 무너졌고, 2023년 기준으로는 26만 4,459명이다. 비율로 따지면 약 1.88%다. 즉 2%도 채 되지 않는 매우 적은 인구만 혜택을 보는 사업이 된다.

보통의 정치인들은 98%의 도민이 혜택을 보게 해서 표심을 자극하거나 당장 지자체장의 업무 수행 평가에 반영하고 싶어 한다. 반면, 이재명은 단지 2%의 인구를 대상으로 그 큰 사업을 흔쾌히 수락하다니. 잘해봤자 '티도 나지 않을' 사업에 이렇게 응해주는 것이 감사할 따름이었다. 하지만 그것은 말 그대로 시작일 뿐이었다.

이재명은 늘 숙의의 과정을 거친다. 어디까지나 '시작'해 보자는 결정을 내린 것이지, '시행'하자는 결정을 내린 것이 아니었다. 그의 '수락'에 감사한 것은 철저한 오해였다.

먼저, 왜 50만 원인지를 놓고 치열하게 토론했다. 예산 규모부터 다시 지적받았다. 기본소득이라는 명칭에 걸맞으려면 한시적 시행으론 안 된다. 적어도 몇 년 단위의 사업이 되어야 할 텐데, 그렇게 될 경우 예산이 기하급수적으로 늘어난다.

기본소득의 6대 원리는 '무조건성, 보편성, 개별성, 현금성, 정기성, 충분성'이다. 그중에서 항상 충분성이 문제였다. 처음에 이재명은 10만 원을 주장했다. 적게 해서 늘려나가자고 말했다. 10만 원을 책정한 이유는, '10만 원이면 휴대폰, 통신비 등등의 금액으로 적정하지 않느냐'는 것이었다. 사업 제안자는 '시범 정책인데 효과가 크고 직접적으로 와 닿으려면 10만 원은 너무 적다'고 맞섰다. 30만 원으로 주장했다.

이러한 과정이 무려 6개월 동안 이어졌다. 처음에 "좋습니다" 하는 답변을 들었을 때는 이렇게까지 오래 지연될 줄은 상상도 하지 못했다. 이쯤에서 이재명의 업무 스타일을 살펴볼 필요가 있다.

"소외되는 곳이 없도록 하세요."

오랜 시간 치열한 토론 끝에 이제 진짜 '시작'만 하면, 당장 '지급'할 수 있는 단계에 이르렀다. 바로 그때 이재명이 제일 먼저 한 말이다.

면 단위에서 시행을 하면 민주당 군수가 있는 곳에서 시작하게 될 가능성이 높다. 그렇게 되면 군수가 다른 정당이라는 이유만으로 소외되는 지역이 발생한다. 어차피 모든 농촌에 실행할 예정이니 '정무적 판단으로 상대 정당을 배제하거나 차별하지 말라'는 요청이었다.

솔직히 아쉬웠다. 민주당 경기도지사와 민주당 군수가 발을 맞춰서 집행한다면 시너지 효과가 발생한다. 민주당 군수가 더 열심히 집행할 것이고, 대대적으로 홍보도 알아서 해줄 것이었다. 도지사는 믿을 수 있는 같은 정당 군수를 지지해줄 수 있고, 군수는 앞으로 더 많은 예산을 따내거나 더 큰 목소리를 내기 위해서라도 도지사의 믿음에 보답하고 싶을 것이다. 대부분의 행정은 이렇게 돌아가기 쉽다.

그러나, 이재명의 선택은 달랐다. 군수가 2018년 자유한국당(현 국민의힘)으로 당선된 경기도 연천군 청산면이 결정되었다. '절박한 곳을 공정하게 선정하라'는 단호한 입장의 결과였다.

첫 대상 지역까지 선정됐다. 이젠 속도전이다. 빨리 실행하고 효과를 내서 기사도 많이 나고 농민들 인터뷰를 해서 '대선'을 준비하던 이재명에게 도움이 되고 싶었다. 대선 전에 집행할 수 있도록 재촉했다.

그런데, 이재명이 그 재촉을 반대했다. 정확히 '왜 대선과 이걸 연관 짓죠?'라는 반응이었다. 농촌을 살리려고 농촌기본소득을 실행하는데 '왜 계속 대선과 결부지어서 빨리만 하려고 하느냐'는 말을 들었을 때, 무척 당황했다. 대부분의 정치인은 대선 욕심이 있으면 하나라도 더 빨리 해서 업적을 자랑하고 싶어 한다. 이재명은 그렇게 하지 말고 오히려 차질 없이 진행되도록 더 꼼꼼히 살피라고 주문했다.

정치인은 자신의 치적을 알리기 위해 노력한다. 국가도 1년에 한 번씩 '수출을 얼마나 했다, 예산을 얼마나 집행했다'고 알리듯이 모두가 해야만 하는 일이다. 일을 했는지 안 했는지 알려야 주권자 국민이 알 수 있다. 하지만 이재명은 다음 선거를 준비하면서도 무리하게 시행하지 말라고 신신당부했다.

2017년 대선 당시에도 이재명은 아내를 전남 영광의 면단위 농촌공동체 '여민동락'으로 보냈다. 더 크고 잘 보이는 곳으로 가려던 다른 후보들과는 달랐다. 전남 영광군 묘량면, 여전히 농업이 기반인 작은 동네, 잘 보이지 않는 곳에서부터 만난 그는 세심하게 모든 곳을 살피는 정치인이었다.

경기도지사 재임 시절 구상한 농촌기본소득 시범 사업은 20대 대통령 선거가 끝난 2022년 5월 30일부터 경기도 연천군 청산면 주민 3,452명을 대상으로 매월 15만원씩 지급하며 실행했다. 이후 2022년 6월 20일, 경기도 뉴스포털에는 <연천군 청산면에서 전국 최초 '농촌기본소득' 지급 시작>이라는 뉴스가 실렸다.

다음 선거가 아니라 다음 세대를 먼저 생각한 결정이었다.

2025년 3월에는 영남 지방을 중심으로 전례없는 산불이
전국에서 일어났다. 이번에도 이재명은 현장으로 달려갔다.
집을 잃고 절망한 이재민들의 울분을 감당하며 현장을 살폈다.
그는 그것이 그저 당연한 책임이라는 일념뿐이다. 먼저 공감하고
파악하며, 확실한 대책을 수립해 내일의 희망을 약속한다.

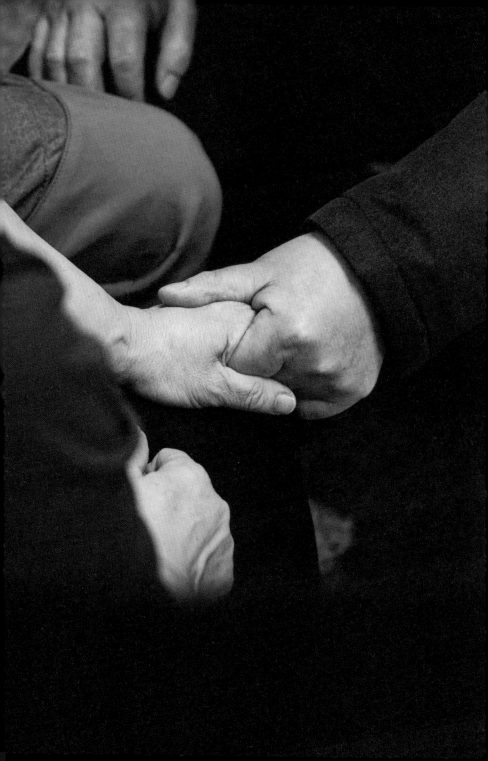

손바닥만 보지 않고
손등도 보는 정치인

코로나19 시기였다. 당시 이재명 경기도지사는 부족한 병상을 어떻게든 마련하고자 경기대학교를 처음으로 '긴급 동원'했다. 우여곡절이 많았다. 지금이야 '위드 코로나'라는 말조차도 쓰지 않을 정도로 평화로운 상태지만 코로나19가 처음 닥쳐왔을 때를 돌이켜 보면, 끔찍하다.

코로나 바이러스의 공포가 삽시간에 퍼져 나가던 시기였다. 보수 언론을 중심으로 '방역을 제대로 하지 못한다', 심지어는 '중국과의 관계 때문에 봉쇄를 하지 못해서 우리 국민만 피해를 보게 생겼다'는 등의 막말에 가까운 보도들이 이어졌다. 생명에는 큰 위협이 되지 않을 것이라고 했지만, 끝내 사망자가 발생했다.

2020년 2월 20일자 연합뉴스 기사는 <코로나19 국내 첫 사망자 발생… 63세 남성 사후 확진>이었다. 이때부터는 대한민국뿐만 아니라 전 세계가 초긴장 상태로 접어들었다. 생각하면 할수록 아찔한 순간이었다. 아직 그 어떤 백신도 나오지 않은 상태에서 사망자가 발생했다는 것은 전 세계를 공포에 떨게 만들었다.

지금 생각해보면 말도 안 되는 마녀사냥식 보도가 줄을 이었다. 확진자의 동선을 공개하고 그 사람들을 국민이 색출해내게끔 하는 보도였다. 2020년 2월 3일자 <한눈에 보는 환자 동선… '○○일보 코로나맵'>과 같은 기사다.

공항으로 입국한 확진자가 친구를 만나 음식점을 방문하고, 대형 쇼핑몰에 갔다가 다시 다른 지역을 거쳐 자기 집으로 돌아오는 동선을 공개하는 식이었다. 실명 공개는 아니었지만 번호를 붙여 몇 번 환자가 어디로 갔다는 등의 보도는 거리낌 없이 계속되었다. 어쩌다 코로나19에 감염된 국민은 죄책감에 휩싸이고 들키지 않도록 아픈 것을 숨기는 상황도 반복되었다.

이런 동선 공개 요구 여론은 쉽게 수그러들지 않았다. 2020년 2월 첫 사망자가 발생한 이후 9개월이 지난 2020년 11월 4일자 기사에도 <확진자 '동선 공개' 두고 들끓는 국민 여론>이라는 내용이 나온다. 불안하니 우리 지역에서 발생한 환자의 동선을 공개하라는 요구와 특정 동선을 공개할 경우 코로나에 걸렸다는 이유만으로 여론의 뭇매를 맞을 국민을 보호해야 하는 정부의 입장, 그리고 혹시나 다녀갔을 음식점이나 건물 등의 피해를 최소화하려는 보호 조치가 팽팽히 맞서는 국면이었다.

정부와 지자체는 국민을 설득해 나가면서도 아직 얼마나 더 크게 번질지 모를 코로나19 환자를 격리시키는 것이 급선무였다. 당시 경기도지사 이재명은 전염 예방에 속도를 내야 한다고 생각했다.

여전히 '확진자 동선을 공개하라, 안 된다'는 싸움이 이어지던 2020년 12월 13일, 이재명은 첫 긴급 동원 조치에 나섰다. 페이스북을 통해 "코로나 확산세가 전시 상황에 준하는 엄정한 대처를 요하고 있으므로 부득이 관련 법령에 따라 병상과 생활치료 시설에 대한 긴급동원조치에 돌입한다"며 "그 첫 사례로 경기도 내 모 대학교 기숙사를 긴급 동원키로 했다"고 밝혔다. 경기도 내 모 대학은 수원시 영통구에 위치한 경기대학교였다.

이재명은 12월 14일 오전에 김인규 경기대 총장과 함께 생활치료센터로 쓰일 기숙사를 직접 점검했고, 당시 기준으로 최대 2,016명까지 수용이 가능하다고 결론 내렸다. 의료진도 긴급 배치했다. 의료진 40명 등 모두 90여 명을 배치해 기숙사에 수용된 확진자들의 치료에 나섰다. 119구급차 60여 대도 배치해 당시 자가 격리 중인 확진자를 경기대 기숙사로 신속하게 이송하기로 결정했다.

경기도민이나 다른 지역의 국민은 모자란 병상과 생활치료시설이 빠르게 확보된 것만 기억한다. 그때도 이재명은 시작부터 끝나는 시점까지 전 상황을 염두에 두고 있었다. 그는 처음부터 병상 확보는 물론, 이후 코로나19 환자들이 썼던 기숙사에 들어가 생활할 학생들이 안심할 수 있도록 후속조치를 어떻게 할 것인지까지 생각했다. 모두가 손바닥만 바라볼 때, 그 뒷면인 손등까지 살피고 있었다. 이 모든 것이 신속하게 준비되었고 즉시 결정되었다.

이재명 지사가 경기대를 방문했던 날, 대부분 긴급 동원을 통해 병상 확보에만 관심을 가질 때, 그는 학생들을 안심시키는 발언을 잊지 않았다. 입주해 있던 경기대 학생들을 향해 메시지를 남겼다.

"학생들의 안전 문제도 철저히 하겠다. 단기간 내에 당장 대책이 없는 사람들에 대해서는 보상이나 임시 주거 조치를 통해 불편하거나 피해를 입지 않도록 하겠다."

"학생들과 경기도 당국이 직접 대화할 수 있도록 통로를 만들테니 거기에서 필요한 것을 얘기해 달라."

3개월 뒤인 2021년 2월 9일, 이재명은 경기대를 다시 방문했다. 이재명은 경기대 기숙사를 병상으로, 즉 제10호 생활치료센터로 운영할 수 있게 협조해 준 주요 인사들에게 표창장을 전달했다.

제10호 생활치료센터는 1,500명 수용이 가능한 전국 최대 규모로, 운영 결정 단 3일 만에 개소하는 기록을 세웠다. 이는 대학과 학생,

코로나19 시기 민간시설에 대한 첫 긴급동원조치에 착수한
이재명 경기도지사와 김인규 경기대학교 총장이
수원 경기대 기숙사를 찾아 현장점검을 하고 있다.
(2020년 12월 14일)

공무원이 한마음으로 일사불란하게 움직인 덕분이었다.

공무원과 군인, 전문 민간업체 등 100여 명이 철야근무를 하며 청소와 물품배치, 시설 공사 등을 실시하는 한편 경기대와 경기도는 조기 퇴소하는 기숙사생의 불편함을 최소화하기 위해 이삿짐 택배서비스, 전세버스, 대체숙소 등을 지원했다. 기숙사 근로장학생인 김휘범 학생은 이 과정에서 택배용지 배포, 전세버스 탑승인원 조사, 조기퇴소 및 대체숙소 입소자 명단 정리 등을 적극적이고 신속하게 수행했다.

또 홍정안 경기대 총학생회장은 기숙사생과 학교의 가교 역할을 자처, 학생들의 민원사항을 수시로 전달하고 해결책을 제시해 학생들이 대체숙소에서 큰 문제 없이 생활하는 데 큰 역할을 했다.

– <경기신문>, 2021.02.09. '이재명 지사, 기숙사 내준 경기대 학생들에
  표창장 전달'

표창장만 준 게 아니었다. 경기대 기숙사로 돌아온 학생들을 위해 이재명은 도배부터 새로 하게 챙겼다. 누군가는 불안해할 수도 있는 문제였다. 안심할 수 있고, 또 건강하게 살 수 있도록 뜯겨나간 벽지를 정리하고 새로 도배해주라고 지시했다. 원래 있던 가구나 물품들이 손상되었다면 모두 교체해주라고도 지시했다. 마치 새롭게 만든 기숙사처럼 단 한 명의 경기대 학생도 불편한 마음을 느껴선 안 된다고 몇 번이나 당부하고 지시했으

며, 감사를 표하는 마무리까지 직접 챙겼다.

코로나19로 전국의 모든 대학은 비대면 수업으로 전환하고 있었고, 애초에 기숙사 이용을 할 수 없었던 학생도 많았다. 기숙사 비용을 미리 결제했던 학생들이 환불을 요구하기도 했다. 이 재명은 이 부분까지 꼼꼼하게 챙겼다.

2021년 2월 9일 표창장을 전달한 이재명은 보름 뒤인 2월 24일, 미사용 기숙사비는 전액 환불해줘야 한다는 메시지를 남겼다.

> 코로나19로 기숙사를 사용하지 못한 경기대 학생들에게 미사용 기간의 기숙사비가 전액 환불된다.
> 이재명 경기도지사는 24일 자신의 페이스북을 통해 "경기대와 기숙사 운영사로부터 오는 25일까지 학생들에게 미사용 기간의 기숙사비 전액을 환급하겠다는 '확약공문'을 받았다"고 밝혔다. 본지가 경기대에 문의한 결과 이는 사실인 것으로 확인됐다.
> 이 지사는 이와 함께 '경기대학교 기숙사비 환급 관련 결과 보고' 문서도 게재했다. 문서에는 경기대 기숙사를 운영하고 있는 경기대와 서희건설이 학생 1,477명에게 211억 4000만 원 전액을 환불하기로 돼 있다.

경기대와 서희건설이 확약조항을 지키지 않을 경우 '방문판매법'에 따라 최대 천만 원의 과태료 처분 등의 조치가 이뤄진다.

– <한국대학신문>, 2021.02.24. <경기대–서희건설, 미사용 기숙사비 전액 환불 결정>

사람들은 시작한 일만 기억하기 쉽다. 기숙사를 긴급 동원하여 병상을 확보하고 코로나19 환자를 빠르게 격리시켜서 도민의 안전과 건강에 최선을 다한 것만 기억하기 쉽다. 하지만, 이재명은 그 이후의 일까지 세심하게 살폈다. 만약 이렇게 하지 않았다면 경기대 학생들과 교직원, 그들을 가족으로 둔 국민은 이재명에게 실망했을 수 있다.

이렇게 꼼꼼하고 세심하게 살핀 탓에 이재명은 '경기도지사'로는 이례적으로 2021년 상반기 광역자치단체장 직무수행 평가에서 1위를 차지했다. 이를 포함하여 3회 연속 최고 평가를 받으면서 '일 잘하는 도지사' 명성을 이어갔다.

이재명은 '적토성산'積土成山이란 말을 자주 한다. 이는 '작은 것이나 적은 것도 쌓이면 크게 되거나 많아짐'을 뜻한다.

"행정에 한 방은 없습니다. 작은 것을 잘해야 합니다. 60점에서 80점으로 올리기는 누구나 합니다. 하지만 99점에서 100점으로 올리는 것은 정말 어렵습니다. 사람들은 20점 차이로 올라선 정치인들에게 주목할 수도 있지만 혜택을 보는 국민은 80점이 아닌 99점, 100점짜리 혜택을 받아야 합니다. 반드시 그 1점, 1점을 간과해서는 안 됩니다."

사람들이 충분히 잘했다고 말하는 사안에서도 끝까지 부족한 점은 없었는지 살피는 이재명의 성격은 이런 마음가짐에서 비롯된 것이다.

'일 잘하는 정치인'의 이미지는 절대로 거저 주어지지 않는다.

계곡 정비사업에서 보여준
당근과 채찍

경기도 계곡·하천 불법시설 철거는 이재명의 사업 중 가장 인지도 높은 결과물이다. 경기도에 살지 않아도 경기도 계곡 시설을 이용하는 국민이 많다. 경기도가 아닌 다른 지역 거주자라도 여름 한 철 바가지 요금에 화가 나지만 어쩔 수 없이 계곡으로 향하는 경우가 이어진다. 각자가 느꼈던 불편함과 부당함을 속 시원하게 해결해주는 이재명의 모습에 국민은 환호했다.

<이재명, 계곡 철거 주민들과 화끈한 대담. 돌직구 쏟아내며 분위기 반전>이라는 2019년 8월 25일자 민중의 소리 유튜브 영상

은 조회 수가 무려 935만 회다.

이재명은 불편한 자리인 줄 알면서도 계곡의 상인들과 직접 대화하기 위해 나섰다. 현재 영업 행태가 서로가 서로를 힘들게 하고 있다는 취지로 말을 이어나갔다. '첫째, 비싼 가격으로 국내 관광객이 갈 곳을 잃고 있다. 둘째, 서로 합의한 규칙은 지키자'는 원칙을 말했다.

계곡 상인들은 '여름 한 철 장사하는 데다, 그때만 다른 곳보다 고작 1만 원 정도 더 받는 것을 갑자기 전부 철거하라고 하면 어떻게 생계를 꾸려나가냐'며 항의했다. 인근 국립공원도 4~5년이 걸려서 계도했으니 마찬가지로 유예 기간을 더 늘려 달라는 요구였다. 또 다른 상인도 1억 3천만 원의 권리금을 내고, 시설 투자에 4천만 원을 들여서 이제 기껏 여름 한 철 장사해서 겨우 투자금을 회수했다고 했다. 결국은 유예 기간을 더 달라는 것이었다.

이재명의 답변은 단호했다. 유예 기간을 달라고 하지만, 매년 계고장을 보내면서 사실상 수십 년 간 유예해왔던 것이라며 선을 그었다.

여론도 단호했다. 고작 '1만 원' 올려 받는다고 하지만, 그것은 단지 평상 이용비용일 뿐, 다른 음식을 주문할 때는 바가지 요금이 더 심하다는 반응이었다. 권리금과 시설 투자금으로 1억 7천만 원을 부담하고 그걸 고작 여름 한 철 장사로 '회수했다'는 것에도 놀랐다. 상인들은 그들의 어려움을 하소연했지만, 그걸 바라보는 경기도민과 국민의 분노는 더욱 커졌다.

분노만 오고 가는 자리는 아니었다. 주차장 문제를 해결해달라는 상인들의 요구가 있었고, 철거에 동의해주는 대신 볼거리를 만들어서 계곡으로 더 많은 관광객이 유입될 수 있도록 해달라는 요청도 있었다. 이재명은 이 부분까지 빠짐없이 기록했다.

간담회를 마치고 수십 차례 회의를 거친 후 2019년 11월 22일, 경기도는 계곡정비사업을 시작했다. 담당 공무원에게 맡겨둘 수도 있었지만 이재명은 또 한 번 현장을 방문해서 직접 점검에 나섰다. 2019년 12월 6일, 역시나 민중의 소리 유튜브에 업로드된 <이재명, 경기도 계곡 시즌 2. 철거현장에서 주민과 간담회.

역쉬. 화끈.>이라는 영상을 보면 현장을 방문한 이재명 도지사의 모습을 확인할 수 있다.

이 자리에서도 마찬가지로 여름 휴가철 전국에서 관광버스만 약 100대 이상 오니 주차 문제를 도와달라는 얘기가 나왔다. 주차 시설, 정확히는 주차 공간 문제는 이전의 간담회에서도 나온 바 있었다. 이재명은 계곡 인근의 땅을 평평하게 만들어 가능하도록 하겠다고 재차 약속했다. 그리고 계곡 등산로 정비에 약 3억 원 정도가 들어가는데 등산객들이 '더 안전하고 편안하게 다닐 수 있도록 도와달라'고 요청하자, 이재명은 '콜!'이라는 호쾌한 답변으로 응했다.

자진 철거를 시작한 상인들은 비용이 부담스러우니 지원을 요구했다. 법률적으로 자진 철거 지원은 기부행위라 철거 후 폐기물 수거만 가평군에서 지원해줄 수 있다고 했다. 이 모든 내용이 담긴 영상도 조회 수가 283만 회다.

계곡정비사업을 시작한 지 채 한 달도 되지 않아서 자진 철거는 빠르게 진행되었다. 2019년 12월 11일, 경기도는 그동안 시행한

이재명 경기도지사가 양평군 대심리에 있는
하천 및 계곡 불법시설물 철거 현장을 방문해 집행 상황을 살펴보고 있다.
(2020년 3월 24일. 양평군청 제공)

사업의 성과와 과정을 알렸다. 경기도 뉴스 포털을 통해 <道, 계곡·하천 불법시설 73% 철거… 자진철거는 대폭 지원, 미이행 시 강력 처벌>이라는 내용을 발표했다.

도는 현재까지 25개 시·군 176개 하천에서 1,392개소의 불법 행위자를 적발, 이 중 73.3%인 1,021개소의 불법시설물들을 철거했다. 시설 유형별로 보면 교량·건축물 등 고정형 시설물 1,871개는 물론 방갈로·천막 등 비고정형 시설물 6,728개까지 총 8,599개 시설의 철거가 완료됐다.(11월 30일 기준)

여기서 그치지 않았다. 자진 철거를 수용한 상인들의 요구 사항도 꼼꼼히 이행해나갔다.

이에 따라 ▲청정계곡 복원지역 편의시설 생활SOC 지원 ▲하천·계곡 자영업자(업주) 소상공인 종합지원 ▲하천·계곡 상인 '경제 공동체' 조직화 ▲신규 관광객 유치 및 지역경제 활성화 추진 ▲마을공동체 주민제안 공모사업 등 5가지 사업을 추진한다. 도는 5가지 지원 사업을 자진철거 등 복구가 완료된 지역을 우선으로 차등 지원할 계획이다.

먼저 '청정계곡 복원지역 편의시설 생활SOC 지원'은 하천계곡 복원

지역 주민들과 관광객들을 위해 공동화장실, 공동쓰레기장, 지역특산농산물 판매장, 친환경 주차장, 친환경 산책로 등의 편의시설 설치를 지원하는 사업이다.

자연 그대로의 모습을 존중해 지역의 특성·문화를 반영한 시설물을 설치하는 데 주력한다. 이를 위해 계곡별로 기획 전문가를 지원, 해당 마을공동체 등과 함께 시설을 관리·활용토록 할 계획이다.

우선 시·군 단위로 이달 말까지 사업 공모를 받아 3곳을 선정, '시범사업'을 추진한다. 총 120억 원을 투입해 1등에게는 50억 원 이내, 2등은 40억 원 이내, 3등은 30억 원 이내로 지원을 실시한다. 이어 현재 정비를 추진 중인 25개 시·군을 대상으로 총 340억 원의 특별조정교부금을 투입, 심사를 통해 시·군별 20억 원 이내의 사업비를 지원하는 '신속 정비사업'을 추진한다.

'하천·계곡 자영업자(업주) 소상공인 종합지원'은 이번 정비 사업으로 영업이 곤란해진 하천·계곡 주변 자영업자들에게 폐업과 업종전환, 취업 및 재기를 종합적으로 지원하는 사업이다.

폐업을 원하는 업주에게는 폐업 절차 컨설팅과 함께 사업 정리비를 200만 원 내로 지원한다. 재취업을 원하는 경우에는 전문기술 교육 훈련비를 100만 원까지 지원하고, 취업전문기관과 연계해 취업알선 등을 돕는다.

또한 소상공인 보증지원을 통한 자금대출로 창업자금 1억 원, 경영개선자금 1억 원, 임차보증금 5천만 원을 지원하고, 생계가 곤란한 업자에게는 각종 복지정책을 연계 지원하기로 했다. 이 밖에도 설명회 개최, 안내책자 제작·배포를 통해 도의 각종 소상공인 종합지원 시책에 대한 참여를 독려한다.

'하천·계곡 상인「경제 공동체」조직화'는 하천·계곡 상인들이 상권의 문제들을 스스로 고민하고 개선할 수 있도록 '경제 공동체'를 조직해 운영할 수 있도록 돕는 사업이다.

사업 1년차는 '사업화' 단계로 설정해 상권분석, 경영교육 등을 상권당 2100만 원 한도 내에서 지원하고, 사업 2년차는 '성장' 단계로 회의 개최, 자율사업 등을 상권당 2100만 원 한도 내에서 지원한다.

이에 앞서 상권별 '전담매니저'를 배치해 총회 개최, 정관 작성 등 경제 공동체 조직에 필요한 절차들을 현장 지원한다.

'신규 관광객 유치 및 지역경제 활성화 추진'은 불법 시설물 철거로 청정해진 하천·계곡을 매력적인 관광자원으로 탈바꿈해 지역 관광·경제 활성화를 도모하는 사업이다.

이를 위해 유튜브 영상 공모전, SNS 사진전 등 참여형 프로그램을 통해 하천·계곡 홍보영상을 제작, 적극적인 홍보 마케팅을 하고, 트레킹, 숙박, 맛집 등 다양한 즐길 거리와 먹거리를 발굴, 이를 토대로 관광코스(당일치기, 1박2일 코스 등)를 개발해 신규 관광객을 유치할 계획이다.

아울러 전문 문화관광기획자를 활용해 지역과 연계한 지속 가능한 관광 프로그램을 개발·운영하고, 지역의 특색을 살린 마을 단위 소규모 축제·프로그램에 대한 발굴·활성화를 지원하기로 했다.

마지막 '마을공동체 주민제안 공모사업'은 '경기도 마을공동체 만들기 지원 조례'에 근거, '주민 주도 지역 공동체 회복을 통한 행복한 삶터 조성'을 목표로 공동체 활동을 위한 시설개선·프로그램 비용을 지원하는 것이 골자다.

사업은 공동체 활동 공간 개선을 지원하는 '공간조성'과 공동체 활동 프로그램비를 지원하는 '공동체 활동' 2가지 유형으로 추진된다. 공간조성은 한 곳당 2천만 원 내, 공동체 활동은 한 곳당 1천만 원 내에서 지원된다.

10명 이상의 주민으로 구성된 마을 공동체들로부터 공모를 받아, 심사를 통해 지원이 이뤄질 예정이며, 원하는 지역에는 현장 컨설팅도 실시한다.

행정 영역에서는 당근과 채찍이 중요하다. 계곡 정비 사업은 그동안 폭리를 취해온 상인들을 모두 몰아내고 그들을 응징하여 다시는 계곡에서 장사를 못 하게 하는 것이 목적이 아니었다. 상인들이 자연과 계곡을 불법으로 독점하여 폭리를 취하는 것을 막고, 합리적인 가격으로 누구나 계곡에서 여름철 즐거운 휴가를 보낼 수 있게 하는 것이 목적이었다.

발 빠른 행정도 중요했다. 거침없이 현장으로 달려가 상인들의 이야기를 듣고 그것을 온 국민이 보고 판단하게 하는 것, 국민

일반과 상인들의 요구 사항을 절충하여 빠르게 결실을 내는 것. 이재명만이 실천할 수 있는 행정 수행 능력의 정점을 보여준 장면이었다.

언론을 통해 국민이 아는 것은 이 정도까지다. 이렇게 정비가 끝난 뒤에도 이재명은 주말마다 불시 순찰을 나갔다. 그것은 공무원과 상인 모두에게 경각심을 유발시켰다.

슬그머니 불법적인 영업 행태로 돌아가려던 상인들은 깜짝 놀랐다. 계곡정비사업을 잘 마쳤다고 발표도 했고, 우리는 자진 철거도 했으니 이 정도는 해도 되지 않을까라는 상인들의 헛된 기대를, 불시에 찾아간 이재명이 뿌리째 뽑아버렸다. 공무원들은 상인들이 약속한 것을 잘 지키는지 감시할 의무가 있다. 이제 끝난 일이라고 생각해 규제를 소홀히 한 공무원들은 긴장할 수밖에 없었다.

도지사가 어디를 가면 그 누구라도 알 수 있고, 계곡이 도청 바로 옆에 붙어 있는 것도 아니기 때문에 이동하는 동안 동선이 알려질 수도 있었다. 도착 즈음에만 약속을 지키는 척할 수도 있는데,

상인들은 그러지 못했다. 이재명은 어떻게 진짜 '몰래' 갔을까 궁금할 것이다. 비결은 아내와 함께 둘만 가는 것이었다.

이재명은 시행 결정이 잘 돌아가는지 확인하러 아내와 함께 수차례 직접 현장을 방문하고 세세하게 챙겼다. 계곡 담당 공무원들은 도지사가 언제 들이닥칠지 모른다는 긴장감 아래 감시를 이어나갔고, 상인들도 마찬가지였다.

지금도 여전히 경기도 계곡은 불법 시설물 없이 잘 운영되고 있다.

비상한 시기에도
약속은 지킨다

2023년 4월, 강릉에 산불이 났다. 이재명은 강릉 녹색도시 체험 센터에 설치된 산불 피해 종합 상황실로 달려갔다. 피해 상황을 보고 받고, 산불이 일어난 현장을 찾아 이재민과 지역주민들을 만나 일일이 손을 어루만져주며, 야당으로서 할 수 있는 피해복구와 추가조치를 약속했다.

언론에도 소개된 이 상황은 누가 보면 당연한 일처럼 보인다. 큰 규모의 산불이라 재난방송 주관방송사인 KBS는 물론이고 주요 지상파 매체와 온라인 매체까지 보도를 하고 있었다. 정치인이라면 따로 보고를 받지 않고 TV만 틀어도, 휴대폰만 켜도 이 사실을 확인할 수 있다.

그럼에도 굳이 당대표급 정치인들이 현장을 방문하는 이유는 간단하다. 그들이 가야 그 지역이 주목을 받는다. 서울에서 기자회견으로 산불 피해 지원을 약속할 수도 있다. 대신 언론 주목도가 낮아진다.

이재명은 이를 알기에 큰 사건이 발생하면 곧장 현장으로 간다. 서울에서 상황을 보고 받는 것과 현장의 요구가 다를 수도 있고, 생각지 못했던 문제점이나 어려움을 파악할 수도 있다. 이재명은 늘 그렇게 하나라도 놓치지 않기 위해 그날도 강릉으로 달려갔다.

현장으로 달려가는 동안 그의 전화통은 달아올랐다. 그날 약속한 사람들에게 양해의 전화를 돌려야 하기 때문이다. 당대표가 직접 산불 현장으로 달려가는 상황이 되면, 그날 만나기로 약속한 사람들과 다른 국회의원들은 으레 '아, 산불 때문에 오늘 약속이 취소되겠구나'라고 생각할 터였다. 물론 보좌진들도 연락을 취해 놓는다.

하지만 이재명은 반드시 직접 전화를 했다. 다급하게 산불 현장으로 달려가면서 현장 상황은 전화로 계속 보고를 받았다. 그러는 사이 당일 약속을 잡아둔 인사들에게 일일이 전화를 하며, "오늘 산불 현장으로 가볼 수밖에 없어서 이동 중입니다. 약속은 다녀와서 다시 잡도록 하겠습니다. 양해 부탁드립니다."고 거듭 이야기했다.

이재명으로서는 직접 연락하는 것이 당연했다. 아무리 급한 일을 할지라도 사람들과 먼저 했던 약속을 소중하게 여기기 때문이다. 아무리 가까운 보좌진들이어도 그들에게만 맡겨둘 수는 없었다.

이재명 당대표가 경북 의성군 고운사를 방문해 주지 등운 스님과 함께 산불 피해 현장을 살피고 있다. (2025년 3월 27일)

더구나 2023년 4월은 이재명에게 오해가 쌓여 있는 국회의원이 많았다. '나와의 약속을 가볍게 여긴다'는 인식을 남길 수 없는 시점이었다.

강릉 산불 현장을 방문한 이재명은 성남시장과 경기도지사 재임 시절처럼 현장을 빠르게 파악하고 필요한 지시를 했다. 이동하는 내내 그는 전화기를 내려놓지 않았다.

2025년 3월에는 영남 지방을 중심으로 전례없는 산불이 전국에서 일어났다. 경북 의성에서는 천년 사찰 고운사가 전소되었다. 산불은 그에 그치지 않고 계속 번져나가 수많은 인명을 희생시키고 이재민을 발생시켰다. 불길이 하룻밤 새 몇 십 킬로미터를 질주하며 산과 마을을 집어삼켰다. 불길이 지나간 곳마다 잿더미로 만드는 모습이 화탕지옥을 보는 듯했다.

이번에도 이재명은 현장으로 달려갔다. 집을 잃고 절망한 이재민들의 울분을 감당하며 현장을 살폈다. 그는 그것이 그저 당연한 책임이라는 일념뿐이다. 먼저 공감하고 파악하며, 확실한 대책을 수립해 내일의 희망을 약속한다.

행정 선용善用의
리더십

바나나 우유 시장은 소위 '단지 우유'라고 불리는 빙그레 바나나 맛 우유가 80% 이상의 시장 점유율을 차지하고 있다. 이 시장의 독점을 깨겠다며 너도나도 뛰어들었지만 2025년 현재까지도 아성을 무너뜨리지 못하고 있다.

의미 있는 2인자가 등장하기도 했다. 바로 매일유업의 '바나나는 원래 하얗다'이다. 2006년에 출시한 이 제품은 브랜드명에 모든 것이 들어가 있는 제품이다. 생각해보면 바나나의 껍질은 노란색이지만 속살, 즉 우리가 먹는 부분은 하얀 편이다. 이 포

인트를 잡고 들어온 제품이 '바나나는 원래 하얗다'이다.

우리 사회가 바라보는 공무원의 이미지는 어떨까? 바나나처럼 겉모습의 노란색만 바라볼까? 아니면 속살의 하얀 색을 바라볼까?

'공무원' 하면, 가장 먼저 떠오르는 것은 책임 회피와 업무 열정이 없는 자기보신형 이미지이다. '땅에 엎드려 움직이지 않는다'는 뜻의 복지부동을 넘어서 이제 아예 바닥에 딱 붙어서 떨어지지도 않으려 한다는 '낙지부동'이라는 오명까지 생길 정도다.

열심히 일하지 않는다는 인식의 저변을 살펴보면, 어차피 이렇게 하나 저렇게 하나 정년이 보장되어 있다는 점이 가장 큰 요인으로 자리한다. 연차가 쌓이면 진급하고 월급도 올라가는 연공서열의 대표적인 상징이 공무원이다. 최근에는 박봉과 경직된 조직문화로 청년 공무원들의 퇴직이 줄을 잇는다. 노량진, 신림동 고시촌도 많이 축소되었다. 여러모로 공무원 할 맛이 안 나는 우리 사회다.

2025년 3월 5일, 이재명은 유튜브 <매불쇼>에 출연해 공무원에 관한 자신의 의견을 밝힌 바 있다. 핵심은 이렇다.

지난 1월 성남시의 BYC 빌딩에 화재가 났지만 다행히 사망자가 단 한 명도 발생하지 않았는데, 이를 두고 이재명은 뿌듯했다고 한다. 그는 성남시장 재임 시절, 화재가 발생할 경우를 대비해 성남의 모든 집합 시설을 점검했다. 불이 나면 우선 방화문이 자동으로 닫혀야 피해를 최소화할 수 있는데, 보통은 '말발굽'이라고 불리는 도어 스토퍼 때문에 자동으로 닫히지 않을 때 불이 크게 번질 수 있다. 그 부분의 문제점을 중점적으로 점검했다. 그리고 계단 같은 곳에 물건들이 쌓여 있어도 대피에 방해가 되기 때문에 전부 치우도록 했다.

이와 함께 스프링쿨러 고장 유무를 모두 파악하고 수리하도록 했으며, 점검 이후에도 방치하거나 어지럽혀질 경우를 대비해 신고 제도까지 도입했다. 신고 포상 제도로 동인을 조성하고, 지속적으로 이어나갈 수 있게 여건을 만들었다.

이재명의 뿌듯한 마음은 당연할 수 있다. 하지만, 그는 절대 혼자만의 성과라고 말하지 않았다. <매불쇼>에서 했던 그의 말을 그대로 옮겨본다.

"저는 대놓고 이야기는 안 하지만, 그런 이야기를 들을 때마다 뿌듯한 게 있어요. 공무원 한 사람이 신경 써서 제대로만 하면 그 사람이 관할하는 모든 영역이 확 바뀝니다. 대통령이 제대로 신경 쓰고 공무원들한테 열심히 창의적으로 하도록 권한도 주고 책임도 묻고, 잘하면 상주고 잘못하면 질책하고 교체하면, 공무원들은 살아 움직여요. 공직사회가 살아있으면 세상이 전혀 다르게 반응합니다."

성남시 전역에 실시한 작은 노력이 실제로 화재가 발생했을 때 큰 효과를 발휘했다. 혼자만의 치적으로 말하고 넘어갈 수도 있었지만 이재명은 분명히 '공무원'들이 열심히 일했음을 강조했다. 보고 받고 지시하고, 움직이고 결과를 이끌어내는 모든 곳에 현장 공무원이 있음을 분명히 했다. '공무원이 일을 하지 않는다, 책임 지지 않으려 한다'는 말보다는 공무원을 지휘하는 사람이 얼마나 노력하고 성과를 인정해주느냐에 따라 우리 사회가 더 효율적일 수 있다고 확신한다.

화재 발생은 너무나도 안타까운 일이다. 그러나 인명 피해가 없는 것이 무엇보다도 중요하다. 실제 2025년 1월 3일자 세계일보의 기사 제목은 <신속한 경보·대피·진화 '삼박자'… 분당 BYC 빌딩 화재 310명 구조·대피>로 나왔다. 역시나 <매불쇼>에서 이재명 대표가 언급된 성남시장 재임 시 2015년의 빌딩 전소에 관한 조선일보 12월 13일자 기사는 <겉은 숯검댕이인데 사상자 '제로', 학원 강사들이 분당화재 참사 막아>로 나왔다.

공무원의 노력이 국민의 생명을 살린다. '정권의 공무원'이 아니라 '국민의 공무원'이기에 할 수 있다. 공무원 할 맛 나는 세상이 되어야 한다. 그게 국민에게 더 나은 세상이다.

거침없이 현장으로
뛰어드는 리더십

'진짜 일을 하는구나.'

이재명 성남시장 재임 시절, 그와 함께 일하면서 이런 실감을 했다는 말이 종종 들린다. 가장 인상 깊은 순간이라면 2014년 판교 환풍구 추락 사고를 수습하던 때를 꼽는다.

당시는 온 국민이 특히나 '안전'에 더 민감했던 한 해였다. 2014년 2월 17일에는 경주 마우나 리조트 붕괴 사고가 있었고, 4월 16일에는 세월호 참사가 있었다.

같은 해였다. 10월 17일, 판교 환풍구 추락 사고는 공연을 보려고 환풍구에 올라선 관람객들이 하중을 이겨내지 못한 덮개와 함께 떨어져 총 16명의 사망자와 11명의 부상자를 낸 사고였다. 주최자는 이데일리TV와 경기과학기술진흥원이었다. 사고 발생지역은 성남이었지만, 공동 주관자는 경기도 산하기관이었다.

가장 먼저 떠오른 이슈는 공연 관리를 제대로 하지 못한 공동 주관자와 환풍구 공사 업체의 부실시공이었다. 그렇지만 책임은 늘 가장 높은 곳으로 향한다. 때문에 당시 남경필 경기도지사에게 시선이 향했고, 성남시였으므로 이재명 시장에게도 화살이 돌아갔다.

보통의 정치인이나 단체장이었다면 '우리가 주최한 행사가 아니었다'고 면피부터 했을 것이다. 성남시장 이재명은 달랐다. 분당구청에 임시로 마련한 '경기-성남 합동 사고대책본부'로 곧장 달려가 밤을 새웠다. 또한, 성남에서 시민운동을 하던 시절부터 다져온 법률 자문에 더해 생계 지원책들을 내놓기 시작했다. 도망가기 급급하거나 하급직 담당 공무원을 보내는 정치인들과는 전혀 다른 모습이었다. 시민과 대면하는 것에 불편해하지 않았다. 성남시장 이재명의 진실한 모습에 유가족들은 신뢰를 보냈으며, 추락 사고 발생 57시간 만에 합의를 이끌어내고 장례 절차까지 마쳤다.

거기서 그치지 않았다. 합의는 과정이었을 뿐, 장례 절차를 마친 뒤에도 전담 공무원을 두고 유가족, 피해자 가족을 위로했으며 성남시 고문 변호사 5명을 배치해 법률 상담을 진행했다. 성남시 정신건강증진센터는 유가족과 피해자 가족들의 심리 상담 서비스를 지원했다. 미성년자 유가족은 국민기초생활보장수급자로 지정해 생계를 지원했고, 유가족들의 요구 사항을 최대한 받아들여 이데일리 측의 장학금 지원을 받아내 실제 지급되었다.

소중한 생명이, 더구나 아침까지만 해도 멀쩡하던 가족이 갑자기 떠났다. 유가족과 피해자 가족들이 정치인을 원망하고 등을 돌리더라도 할 말이 없다. 하지만, 이재명의 진정성 있는 모습에 판교 환풍구 추락 사고 부상자 가족 대표단은 사고 발생 후 약 2년이 지난 2016년 8월 17일, 성남시청을 방문해 감사패를 전달했다.

판교 환풍구 추락 사고 부상자 가족 대표단은
사고 발생 후 약 2년이 지난 2016년 8월 17일,
성남시청을 방문해 당시 이재명 시장에게 감사패를 전달했다.

아무리 수습 과정에서 노력했다 하더라도 가족이 당한 사고를 떠올린다면 부상자 가족 대표단이 성남시장을 찾아가 감사를 표현한다는 것은 생각하기 어려운 일이다.

시간이 흘러, 당시 이재명의 대처를 폄하하고, '사고의 책임을 회피하려 했다'고 말하는 경기도 행정1부지사가 등장했다. 그러자 부상자 가족 대표단은 실명으로 성남시 홈페이지 자유게시판에 이재명 성남시장을 옹호하는 글을 남기기도 했다.

당시 중앙일보는 <판교 환풍구 사고 가족 "끝까지 피해자 목소리 들었던 건 이재명">(2017.12.23.)이라는 기사를 통해 실상을 알렸다. 이러한 사실을 가리려 했던 박수영 전 경기도 행정1부지사는 현재 부산 남구의 국민의힘 국회의원이 되어 활동하고 있다.

신상필벌信賞必罰은
정확하게!

2024년 12월 26일, 4급 서기관 공무원 노한동 씨는《나라를 위해서 일한다는 거짓말》(부제 : 한국 공직사회는 왜 그토록 무능해졌는가)이라는 책을 펴냈다. 1987년생의 젊은 4급 서기관이 공무원을 박차고 나오는 것도 쉽지 않은 일이지만, 그가 느낀 공직사회의 경직성은 우리가 반성하고 곰곰이 되짚어 봐야 하는 부분이다.

특히 그가 책에서 언급한 '관료의 영리한 무능이 공직사회를 무기력하게 만든다'는 표현은 뼈아픈 현실을 드러낸다. 일을 잘못

추진했다가 혼자만 '덤터기'를 쓰는 경우가 많고, 일을 잘해도 승진에 도움이 되거나 포상을 받는 경우가 거의 없기 때문이다. 공무원들이 영리한 무능으로 이어질 수밖에 없는 것이다.

공무원 세계의 현실을 대하는 이재명은 달랐다. 지난 2020년 4월 19일 뉴스1의 기사 제목은 <이재명 '재난기본소득 15일 만에 성공적 집행… 관련 공무원 전원 포상'>이었다.

당시 이재명 경기도지사는 코로나19로 인해 전 국민의 경기가 위축되고 자영업자들이 어려워지자, 선도적으로 재난기본소득을 외치고 시행했다. 무려 1360만의 경기도민에게 집행하는데 고작 15일밖에 걸리지 않았다.

이재명은 페이스북을 통해 "3월 24일 경기도 재난기본소득 정책 결정 후, 4월 9일 실제 집행하기까지 걸린 시간이다. 1360만 도민을 상대로 한 정책으로서 세부정책 설계와 시·군 의견 조정, 시스템 설계와 금융기관, 도의회 협의 등 엄청난 업무임에도 재난소득정책은 수많은 난관을 극복하고 단 15일 만에 성공적으로 집행되고 있다"며 관련자 전원 포상을 결정했다.

선례가 없는 경기도 전체 대상 대규모 사업을 잘 이끌어준 기획조정실장 이름을 직접 거명하며 담당 공무원들의 위상을 높여줬다. 아울러 '돼지열병 방역은 사태가 안정이 되고 난 뒤에, 계곡 정비는 불법 시설물 강제철거 집행 완료 후에 포상할 예정이니 섭섭해하지 말라'며 다른 정책을 훌륭히 수행해낸 공무원들을 챙기는 것도 잊지 않았다.

이런 포상과 배려는 성남시장 때부터 이어져 온 일이다. 일선 공무원들은 늘 복지 관련 부서를 기피한다. 관련 부서가 너무 격무에 시달리기 때문이다. 특히, 복지 관련 혜택의 경우 온라인 접근이 어렵거나 이해도가 낮은 어르신들이 직접 방문해서 대면하는 경우가 많은데 원만하게 소통하기가 워낙 힘들다.

이재명 성남시장은 친절한 태도로 성남시민으로서 누릴 수 있는 복지 혜택을 꼼꼼히 설명하여 직무를 성실하게 수행한 공무원들은 어김없이 승진시키거나 다른 포상을 했다. 시간이 지나고 이 같은 사실이 알려지자, 심한 스트레스를 받는다는 복지 관련 부서 지원율이 갑자기 높아졌다. 책임감 있게 일하는 공무원들도 급증했다. 신상필벌信賞必罰이 정확한 이재명이 만든 달라진 성남시청의 모습이다.

대한민국의 공무원들은 무능하지 않다. 대한민국의 공무원들은 나태하지도 않다. 다른 어느 분야의 인재들 못지 않게 유능하다. 다만 그들이 누구와 어떻게 일을 하는지에 따라 국민의 삶은 달라진다.
연공서열을 타파하고 공무원 사회에도 경쟁을 도입하자는 공허한 외침이 아니라, 공무원 사회의 경각심을 불러일으키고 제대로 된 보상을 해주는 리더가 필요하다.

그 리더가 바로 이재명이다.

"
대한민국의 공무원들은 무능하지 않다.
다만 그들이 누구와 어떻게 일을 하는지에 따라
국민의 삶은 달라진다.
"

이재명의
시련과 준비

그날은 비가 내렸다. 이재명은 기어코 우산을 혼자 들었다.
이날 참모들은 많은 당원으로부터 거센 비판을 받았다.
"알 만한 사람들이 그깟 우산이 뭐라고 그거 하나 들어주지 않았느냐?"
당연히 우산을 들어주려 했다. 그러나, 이재명이 거절했다.
지팡이를 짚을 수 있다면, 우산도 들 수 있다고 말했다.

두더지 잡기 게임을
아세요?

이재명이 어렵게 자랐다는 사실은 누구나 알고 있다. 그가 우리
사회에서 조명받기 시작한 것은 23세에 사법고시에 합격하고
사법연수원 수료 후 '국졸' 출신 변호사로 알려지면서부터다. 정
확히 말하면 대졸이지만, 중학교와 고등학교를 검정고시로 통
과했기 때문에 국민학교 졸업을 더 강조했다.

화전민의 집에서 태어나 고작 13살의 나이에 소년공이 되었다.
돈이 없어서, 정확히는 아들이 아무리 공부를 잘해도 돈 벌러
가라고 하는 아버지와 그 꿈을 어떻게든 지켜주려는 어머니, 그

리고 여러 형제 사이에서 성장해 이룩한 쾌거였다.

처음에 '국졸' 출신 변호사라는 타이틀은 그야말로 신화였다. 소위 '개천에서 용 난다'는 속담의 표본이었다. 마치 노무현 대통령에게 '상고' 출신 변호사라는 타이틀이 있었던 것처럼 말이다.

말은 그럴 듯하지만 우리 사회의 기득권은 그걸 탐탁지 않게 보며 주류 사회로 진입하려고 하면 짓밟기 시작한다. 정확히는 주류 기득권의 이익을 침범하려 하거나 단단히 쌓아 올린 카르텔을 붕괴시키려 할 때, 상고 출신과 국졸 출신을 때리기 시작한다.

두더지 게임. 머리를 내밀어 불만을 제기하면 곧바로 망치로 내려쳐 버리는 두더지 잡기 게임. 상고 출신, 고졸 출신인 노무현 대통령에게도 그렇게 했다. 더욱이 고등학교도 아닌 국민학교 출신 이재명에게는 이 과정이 더욱더 가혹했다.

그러나 '죽이지 못한 고통은 나를 더 성장시킨다'는 말처럼 이재명은 시민들과 함께 계속해서 성장해 왔다.

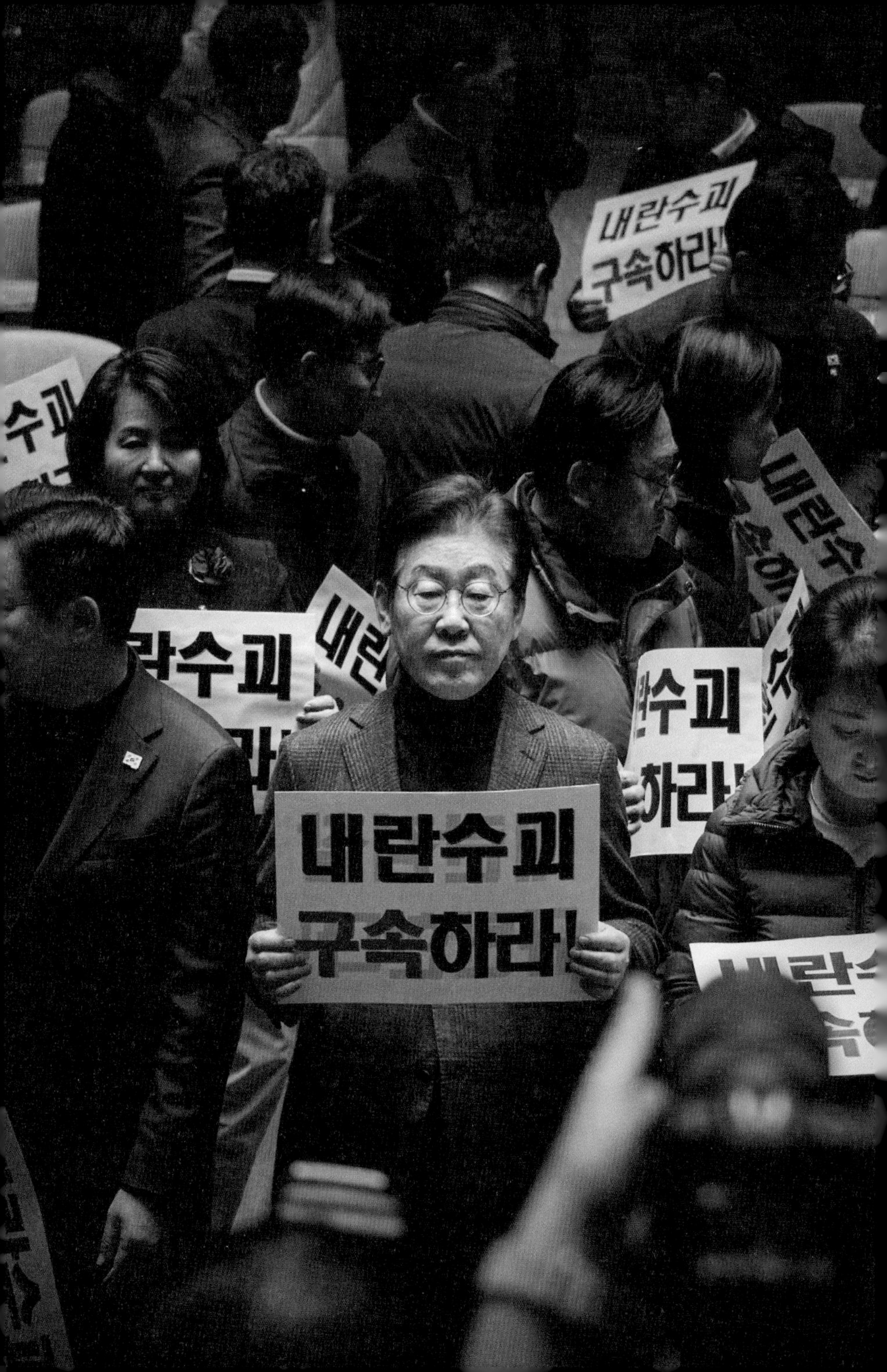
내란수괴
구속하라!
내란수괴
구속하라!

유시민의
이재명 인물평

2021년 12월 9일, 유시민 작가는 MBC 라디오 <김종배의 시선
집중>에 출연했다. 그는 당시 더불어민주당 이재명 후보를 세
가지 키워드로 정리했다.

'생존자, 발전도상인, 과제중심형'

먼저 핵심 키워드 중에 '생존자'를 꼽으며 "이재명 후보는 한 인
간으로 보면 생존자다. 13살, 초등학교를 졸업할 때까지 화전민
가정에서 살았고, 18살까지는 도시빈민 가정에 속한 소년노동

자로 산재도 여러 번 당했다"며 "산업화시대를 죽지 않고 건너온 생존자"라고 말했다.

이어서 "성남시장이 되고 나서 엄청나게 수사도 많이 받고, 기소도 당했다"며 "정치적으로도 지난 10여 년 동안 생존자에 가까운 경로를 거쳐 왔다"고 이야기했다. "이런저런 작은 오류들은 있었을지 모르나 정치적 생존을 위태롭게 할 만큼의 하자는 없었던 사람"이라고 설명했다.

'발전도상인'이라는 키워드에 대해서는 '완성형'이 아니라는 맥락에서 이야기를 이어나갔는데, "이 후보는 한 인간으로서, 정치인으로서 볼 때 완성형이 아니"라며 "여전히 지금보다 더 나은 모습으로 성장할 가능성이 높다"고 말하면서 설명을 덧붙였다. "지금 시점에서 이 후보를 보면 5년 전과 모든 면에서 매우 다르다는 걸 알 수 있다"며 "머리가 좋은 사람이고 학습능력이 뛰어나고, 목표의식이 뚜렷해서 자기를 계속해서 바꿔나가는 사람이다. 대통령이 되거나 안 될 경우에도 계속해서 정책, 행동양식, 사고방식이 나아질 가능성이 있는 사람"이라고 이야기했다.

'과제중심형'이라는 단어를 설명할 때는 그간의 민주당 계열 지

"이재명은 한 인간으로서, 정치인으로서 볼 때
완성형이 아니며, 여전히 지금보다 더 나은 모습으로
성장할 가능성이 높다."
-유시민 작가

도자들과 철학적으로 구분되는 지점이라고 짚었다. 대개 진보 성향의 사람은 사고방식이 연역적이고 가치 중심적이라며 "추구해야 될 최고 가치를 세우고, 그 가치에 다가서기 위해 이뤄야 할 과제를 설정하고, 과제를 달성하기 위한 정책수단을 선택하는 게 진보 쪽 정치지도자가 가지고 있던 사고패턴인데, 이재명 후보는 그것하고 아주 다르다"고 말했다.

유시민 작가는 이재명이 "일반 원칙이나 가치에서 출발해 총론에서 각론으로 내려가는 방식이 아니고, 그냥 각론을 바로 들고 나온다"고 생각한다. 그러면서 "현안 과제들을 바로 들고 나와 자기 나름의 해법으로 밀고 나가는 것은 과제중심형 또는 귀납적 사고방식이다. 예전의 민주당 계열 정치지도자들과 철학적으로 굉장히 다른 지점"이라고 그를 분석했다.

파크뷰가 불러온
시련

이재명은 여러 인터뷰를 통해서 자신이 권력으로부터 견제 받고 기득권으로부터 미움 받게 된 가장 큰, 첫 번째 사건으로 '분당 파크뷰 특혜 의혹 사건'을 꼽는다.

2002년 파크뷰 특혜 분양 사건은 쉽게 말하면 토건 비리다. 건축 허가 사전 승인을 받기 위해서 금품이 오고 가고, 특혜성 분양이 있었던 전형적인 토건 세력과 정치권이 결탁한 비리였다.

변호사 이재명은 시민들과 함께 즉각 파크뷰 특혜 분양 저지 운동을 벌였고, 이때부터 자녀들의 안전까지 위협을 받는 신세가 되었다. 알려진 것은 2002년이지만, 변호사 이재명은1999년부터 이 문제를 제기해 왔다.

2002년 2월 5일 오마이뉴스의 <파크뷰 특혜는 '빙산의 일각'>이라는 기사는 이렇게 시작한다.

> 지난 99년부터 분당의 백궁·정자지구의 용지 변경 과정에 대한 의혹을 제기하고 반대운동을 벌여온 성남시민모임의 이재명 변호사는 현재 수원지검이 벌이고 있는 파크뷰 특혜 분양 의혹사건 수사에 대해 "고래 잡는다고 강에 그물을 친 격"이라고 표현했다. 이 변호사는 "이런 식으로는 이 사건의 본질인 용도변경 의혹을 밝혀내지 못할 것"이라고 했다.
> 지난 9일 <오마이뉴스>와의 인터뷰에서 이 변호사는 "검찰은 '파크뷰 특혜분양 수사에서 용도변경과 관련해 특혜 받은 게 나타나면 이 문제를 조사하겠다'고 하나 1조 원이 넘는 돈이 왔다 갔다 한 사업을 주무른 배후인물들이 기껏해야 프리미엄 먹는 데 흔적을 남겼겠냐"고 되물었다. 파크뷰 조사에만 국한하지 말고 용도변경 문제를 전면적으로 수사하라는 것이다.
> 이 변호사는 만약 검찰의 수사가 미진할 경우 이 사건의 배후를 드러낼 수 있는 결정적인 자료를 공개하겠다고 밝혔다.

분당 파크뷰 특혜 분양 의혹 사건 진상 규명과
부당용도변경 반대집회에 참석한 이재명 변호사.(2000년)

이 변호사는 또 지난 3일 동아일보가 자신의 말을 인용해 "백궁·정자 지구에 대한 국가정보원 문건이 청와대에 보고됐다"고 보도한 데 대해 "2001년 초 내 사무실에서 문제의 국정원 보고서를 봤으며 그 뒤 청와대에 보고가 됐다는 것도 나중에 들었다"고 거듭 밝혔다.

분당 파크뷰 특혜 분양 사건의 결과는 어떻게 되었을까. 2016년 11월 30일자 연합뉴스 <엘시티 이전 특혜분양의 원조 분당파크뷰·압구정 현대아파트> 기사를 보면, 당시 결과를 유추해볼 수 있다.

> 분당 파크뷰 시행사 대표는 해당 아파트의 전체 선착순 분양분 1,300가구 가운데 3분의 1이 넘는 449가구(34.5%)를 유력 인사들에게 사전 분양한 혐의 등으로 기소돼 실형을 선고받았다.

여기서 언급된 '유력 인사'로는 당시 실세 국회의원과 공무원 19명, 정부 투자기관 2명, 언론인 6명 등이 포함되어 있었다. 그 당시 성남시민모임 이재명 변호사가 지적한 용도변경과 건축허가 사전 승인 과정에서도 문제점이 드러났다.

파크뷰 아파트 시행사 대표는 용도변경의 결정권을 가진 성남시와 시의회, 건축 허가 사전 승인권을 쥐고 있는 경기도를 상대로 전방위 금품 로비를 펼쳤다. 시행사 대표에게 금품 로비를 받고 해당 아파트의 용도변경과 건축허가 사전 승인 등에 부당하게 관여한 혐의로 경기도지사의 부인, 성남시의원, 건설교통부 국장, 경찰 간부들까지 줄줄이 처벌됐다.

기득권의 특혜를 막아선 정의로운 투쟁이었으나 이재명은 스스로 이때부터 '찍혔다'고 이야기한다. 마땅히 해야 할 일을 하고, 권력기관도 두려워하지 않고 저돌적으로 움직이면 '찍히는' 사회라니. 이러한 이재명 대표를 옥죄는 상황은 지금도 검찰의 보복으로 계속되고 있다. 인권연대 오창익 사무국장의 말을 들어보자.

"물론 노무현 전 대통령에 대한 검찰의 보복도 치졸하기 짝이 없지만, 이재명 대표의 경우에는 단지 앞으로 검찰 개혁에 나설 것 같다거나, 검찰 개혁에 우호적일 거라는 막연한 인상 때문에 과감한 선제공격을 하는 것이다. 결국 검찰은 13년 전에 비해 더 나빠졌다."

법정 연금과
손발 묶기

이재명에 대한 수사는 잔인할 정도다. 검찰의 조작수사와 무리한 기소, 쪼개기 수사는 빙산의 일각이다. 민주당 법률위원회 이태형 위원장은 이재명 대표를 향한 수사가 '법정연금'法庭軟禁의 인권 침해가 자행되고 있다고 말한다.

누군가 여러 사건으로 기소되었다면 피고인의 방어권 보장과 이익을 고려해 병합 재판을 받도록 하는 것이 원칙이고 지금까지의 관행이다. 그러나 이재명 측 변호인들이 요청한 사건 병합을 법원은 받아들이지 않고 있다.

실제로 '공직선거법' 위반 사건, 위증교사 사건, 대장동 사건 등 3건의 사건은 서울중앙지방법원에서, 대북송금 사건은 수원지방법원에서 각각 진행되고 있다. 이태형 위원장이 밝힌 내용을 정리하면 다음과 같다.

공직선거법 위반 사건은 2022. 9. 8. 기소된 후 2023. 2.까지 4회의 공판 준비 기일이 진행되었다. 그리고 2023. 3. 3.부터 2024. 9. 20.까지 27회에 걸쳐 평균 2주 1회 변론 기일이 열렸다.

위증교사 사건은 2023. 10. 16. 기소되고 나서 2회의 공판 준비 기일이 있었고, 2024. 1. 22.부터 2024. 9. 30.까지 모두 9회의 공판 기일이 열렸다.

대장동 사건은 2023. 3. 22. 기소되어 2024. 2. 16.까지 공판 준비 기일이 6회 열렸고, 최근 2024. 10. 15. 기준 모두 49회의 변론 재판이 주 1~2회에 걸쳐 열렸다.

대북송금 사건은 2024. 6. 12. 기소되어 현재 3회 공판 준비 기일을 앞두고 있다. 공판 기일만을 놓고 보더라도 이재명 대표에 대해 2023. 3. 3. 처음 공선법 위반 사건 공판 기일이 열린 것을 비롯하여 최근 2024. 10. 15. 기준 모두 85회의 재판이 열렸다. 이재명 대표는 1년 8개월간 85회 재판을 아침 10시부터 오후 6~7시까지 법정에서 재판을 받았다.

이재명은 몸이 10개라도 부족하다. 피고인으로 당연히 재판에 출석해야 할 의무가 있다. 하지만 검찰은 구속영장을 청구했다가 영장이 기각되면 쪼개서 다시 기소를 하면서 꾸준히 인권을 침해해 왔다.

성남시장 재임 이후 이재명의 '취미'가 무엇인지 아느냐는 질문에 답변하는 사람은 쉽게 찾기 어렵다. 취미가 없을 정도로 성남시정, 경기도정, 국회의원, 더불어민주당 대표의 일을 맡아서 이끌어 오느라 힘들었을 것이라는 추정만 할 뿐이지, 이 정도로 가혹한 재판 일정이 이어지고 있다는 것은 대부분 알지 못한다.

이재명은 수년 간 수백 번의 압수수색과 두 차례의 구속영장 청구, 100여 차례의 법정 출석을 했다. 수사에 동원된 검사만 70여 명이고, 현재 재판에 관여하고 있는 검사만 57명에 이른다.

대장동 사건은 수사 기록이 22만 쪽이 넘어 복사비만 수천만 원이 들었고, 검찰 측 증인만 148명이다. 성남FC 사건도 수사기록이 15만 쪽이 넘고 검찰 측 증인이 478명에 달했다. 판사와 변호인의 문제 제기로 줄어들었지만 그래도 400명이 넘는다.

백현동 사건은 기소한 지 1년이 지나도록 자료 자체를 주지 않았다. 대북송금 사건은 이제야 수사기록을 복사하기 시작한 상태다.

확인된 것이 이 정도다. 이 외에 공판 과정에 숨겨둔 것이 들통나서 마지못해 제출한 검찰 수사 기록도 수두룩하다.

대한민국 헌정사에서 이토록 잔인하게 정적을 보복하기 위해 이루어진 수사가 과연 있었을까?

검찰은 동일하게 모든 범죄를 공정하게 수사하고 있는가.
김건희의 의혹들에는 어떠한가.

"12시에 3300에 8만 개 때려달라 해주셈."
"준비시킬게요."
"매도하라 하셈."

도이치모터스 주가 조작 공범들이 이런 문자를 주고받으며 고작 7초 만에 김건희가 직접 8만 주 매도 주문을 했다. 그런데 김

건희는 여전히 "우연히 주문했다"고 발뺌했고, 검찰은 곧이곧 대로 받아들여 불기소 결론을 내렸다.

5년을 질질 끌며 그 흔하디흔한 은행 계좌추적조차 한 번 하지 않고 면죄부를 줬다. 압수수색은커녕 검찰이 휴대폰까지 반납하며 이른바 '콜검'이라는 오명을 들으면서 굴욕적인 수사 태도를 보였다.

그뿐인가. 온 국민이 김건희가 명품백을 받는 장면을 보았음에도 불구하고 불기소 처분을 내렸다. 양평-서울 고속도로 비리와 양평-공흥지구 비리, 국민의힘 공천 개입 의혹은 수사 착수조차 못하고 있다. 검찰은 절대 동일한 잣대를 가지고 있지 않다.

무리한 일정이 이어지면, 불출석 사유서를 제출하면 된다. 하지만 일반적인 권리 주장도 이재명에게는 곧바로 '책임회피', '재판 지연', '내로남불' 등의 꼬리표를 붙이며 잔인하게 몰아붙인다.

매일 각 방송사의 시사방송을 빠짐없이 챙겨보는 사람들도 이러한 살인적인 재판 일정을 횟수까지 기억하며 알기는 어렵다.

하물며 정치에 관여하지 않는 일반 국민은 재판이 어떻게 돌아가는지 알 리 만무하다.

윤석열 탄핵 심판이 아직 나오지 않은 2025년 3월 21일 현재, 오마이뉴스 김종훈 기자가 정리한 이재명 대표 재판 일정은 다음과 같다.

2025년 3월 24일(월)	대장동 본류 증인
2025년 3월 25일(화)	대장동 본인 재판
2025년 3월 26일(수)	선거법 항소심 선고
2025년 3월 28일(금)	대장동 본류 증인
2025년 3월 31일(월)	대장동 본류 증인
2025년 4월 1일(화)	대장동 본인 재판
2025년 4월 7일(월)	대장동 본류 증인
2025년 4월 8일(화)	대장동 본인 재판
2025년 4월 8일(화)	법인카드 의혹 / 수원지법

끝나지 않았다. 그들은 끝낼 생각이 없다. 수백 명에 달하는 증인을 채택하여 하염없이 재판을 지연하는 것도, 제대로 된 증거 없이 일방적인 증언들로 삼인성호三人成虎식 사실을 만들어 내는

것도 모두 그들이다.

우리 사회의 공고한 카르텔을 형성하고 있는 기득권들은 이재명이 머리만 쳐들면 곧바로 망치를 내려쳤다. 두더지 게임은 현재진행형이다.

우산을
들어주고 싶었다

이재명은 2023년 9월 23일, 단식에 돌입한 지 24일 만에 의료진의 강력 권고로 단식을 중단했다. 8월 31일 국회 본청 앞에서 단식에 돌입할 때, 세 가지 사항을 윤석열 정부에 요구했다.

1. 민생파괴·민주주의 훼손에 대한 대국민 사과
2. 일본 오염수 방류 반대 입장 천명 및 국제해양재판소 제소
3. 전면적인 국정쇄신과 개각 단행

하지만 윤석열 정부는 그 어떤 것도 들어주지 않았다.

천막에서 시작한 단식은 14일째에 당 대표실로 옮겼고, 19일째
는 여의도 성모병원을 거쳐 녹색병원으로 이송되어서도 음식물
섭취 없이 수액투여로만 병상 단식을 이어갔다. 문재인 전 대통
령이 방문했을 때도 단식을 중단하지 않고 이어나갔지만, '더 이
상의 단식은 환자의 건강을 심각하게 위해할 수밖에 없다'는 의
료진의 소견에 따라 중단했다.

그 사이, 9월 21일 국회 본회의에서는 제1야당 대표 이재명의
체포 동의안이 가결되었다. 그는 9월 23일 단식을 중단했지만,
3일 후인 9월 26일에는 구속 전 피의자 심문(영장실질심사)에
출석해야 했다. 이 모든 과정은 최종적으로 9월 27일 구속 영장
이 기각되면서 일단락되었다.

단식을 시작한 8월 31일부터 단식으로 피폐해진 몸으로 28일을
보냈다.
우리도, 이재명 대표를 지지하는 모든 지지자도, 당원들도, 그
모습을 힘겹게 지켜보며 버텨냈다.

그날은 비가 내렸다.

이재명은 기어코 우산을 혼자 들었다.

이날 참모들은 많은 당원으로부터 거센 비판을 받았다.

"누구보다 가까이에서 지켜봤고, 그동안 이재명 대표님이 얼마나 힘들게 버텼는지 알 만한 사람들이 그깟 우산이 뭐라고 그거 하나 들어주지 않았느냐."

당연히 우산을 들어주려 했다.

그러나, 이재명이 거절했다.

지팡이를 짚을 수 있다면, 우산도 들 수 있다고 말했다.

평상시에도 시키지 않은 일인데, 이제 와서 그런 걸 시킬 수 없다고 말했다.

그저 비를 같이 맞으며 지켜볼 수밖에 없었다.

우리 사회의 공고한 카르텔을 형성하고 있는 기득권들은
이재명이 머리만 쳐들면 곧바로 망치를 내려쳤다.
두더지 게임은 현재진행형이다.

에필로그

소년공에서
숙련공으로

　이재명의 준비

이재명의 아픈 가족사와 '가난'이라는 단어마저 사치가 될 정도로 어려웠던 유년 시절은 많은 매체와 책을 통해 소개되었다.

소년공 이재명. 사실 '소년공'이라는 단어는 이재명 혼자만 품을 수 있는 것이 아니다. 1964년생인 그의 삶은 정확한 생일도 몰라 소위 점쟁이에게 물어 결정할 정도였다. 출생마저 축복보다는 생존에 급급했던 아픈 대한민국의 역사를 함축하고 있다.

소년공으로 일했지만 자신의 이름으로 일할 수 없었던 어린 이재명은 근로경력을 인정받지도 못했다. 그곳엔 분명 그가 있었지만, 우리 사회는 이재명의 벼랑 끝 삶을 인정해주지 않았다. 그를 지옥 같던 가난에서 벗어나게 해준, 아니 가난은 여전히 면치 못했지만 지옥 그 너머의 죽음까진 이르게 하지 않았던 그의 노동은 불법이었다.

이재명은 더 이상 법의 테두리 안에서 자신처럼 비참한 사람을 만들지 않기 위해 살아왔다. 더 이상 그와 같은 소년이, 청년이, 불법을 무릅쓰고 일을 하지 않아도 최소한의 인간다운 지위를 누리며 먹고살 수 있는 '기본사회'를 꿈꿨다. 그 어떤 사람이라도 노동을 한다면 엄격한 법의 보호막이 지켜줄 수 있는 세상을 만들고자 달려왔다.

이재명에겐 하나가 있었고, 하나가 없었다.

학교를 제대로 갈 수도 없었고 검정고시마저도 쉽지 않았다. 설상가상 학원비도 없었다. 하지만 학원비가 없어도 공부하라며 통 크게 자신을 도와준 성일학원 김창구 선생이 있었다. 그래서 이재명은 자라나는 청년들이 공부하고 싶은 마음만 있다면 그들에게 김창구가 되어주려 했다. 적어도 교복이라도 국가가 입혀주려는 노력을 기울였다.

시장통에서 쓰레기통을 뒤져 가져온 거의 썩다시피한 배를 상한 데 잘라내고 성한 부분만 먹으라고 하던 아버지처럼 될 수 없어 신선한 과일이라도 먹이고 싶어서 노력했다. 길거리를 지나다니다 먹고 싶은 것, 사고 싶은 학용품 앞에서 망설이지 않도록 청년기본소득을 준비했다.

이재명에게 없는 건 지문이다. 고무 기판을 만드는 공장에서 손

가락 피부와 손톱의 일부가 고무판과 함께 갈려 나가는 고된 노동을 했다. 고작 두 달도 채 되지 않아 연마반 소년공 이재명의 지문은 사라졌다. 그래서 이재명은 세상의 그 어떤 노동자의 지문도 사라지지 않는 노동 환경을 만들기 위해 근로감독관을 보냈다. 그들이 일하더라도 다치지 않도록 최선을 다했다. 다치더라도 빠르게 정당한 보상을 받도록 노력했다. 설령 심하게 다쳤을 때는 헬기까지 보내 자기 몸의 굽은 팔과 같은 흔적이 적어도 다른 노동자에겐 남지 않도록 애썼다.

그는 분명 소년공이었다. 그렇지만 그는 또 다른 이들이 자기처럼 살아가도록 내버려두지 않았다. 이재명은 독하게 공부할 수밖에 없었다. 부족한 잠을 이겨내기 위해 졸면 찔리도록 압정을 책상에 붙여두고 공부를 했다.

우리 '이재명 곁에서 함께해온 사람들'은 이재명에게 압정 같은 존재였을까. 아니면 압정에 피 흘리는 이재명에게 연고를 발라주던 사람이었을까.
우리는, 분명, 압정과 연고를 오가는 사람이었을 것이다. 때로는 다시 보지 않을 것처럼, 마치 원수가 된 듯이 치열하게 논쟁

했고, 또 때로는 한 핏줄처럼 서로를 부둥켜안고 눈물을 흘리며 다독여주기도 했다.

우린 웃었고, 또 울었다.
앞으로도 마찬가지일 것이다.

하지만, 우리는 자신 있게 말할 수 있다.
소년공에서 숙련공에 이르기까지 이재명은 그답게 그의 길을 걸어왔으며, 그의 삶으로써 증명된 정치의 역정이 국민의 삶을 행복하게 만들어 줄 수 있다는 것을 우리는 자신 있게 말할 수 있다.

대통령이 되길 바란다.
누구보다 그가 대통령이 되길 바란다.
당선 즉시 직무를 수행해야 하는 또다시 고된 시간으로 그 자리를 시작해야 하겠지만 이재명의 준비는 이미 충분하다.
이재명은 대통령이 되어 제대로 일할 준비를 끝냈다.
그의 앞길에 국민의 사랑과 행복이 함께하길 바란다.

위대한 국민과 함께 새 시대를 열겠습니다.

민주국가를 훼손하려는 시도에 맞서
저항해 온 국민들의 위대함이
대한민국 위대함의 원천입니다.

겨울이 깊었던 만큼 봄날은 더 따뜻할 것입니다.
수많은 평범한 사람들이 희망을 가지고
행복한 삶을 꿈꾸는 세상이 진정한 봄날입니다.

그냥 이름만 있는 대한민국이 아니라
'진짜 대한민국'을 만들고 싶습니다.
진짜 대한민국은 대한 국민이 만들어가는 것입니다.

위대한 대한 국민의 훌륭한 도구,
최고의 도구 이재명이 되고 싶습니다.

진짜 대한민국을 만들기 위해
제21대 대통령 선거에 출마합니다.

2025.04.10.

'출마선언' 중에서